U0570475

陈鼓应著作集

庄子浅说

陈鼓应 著

中华书局

图书在版编目(CIP)数据

庄子浅说/陈鼓应著. —北京:中华书局,2020.6
(2025.7重印)
(陈鼓应著作集)
ISBN 978-7-101-14497-0

Ⅰ.庄… Ⅱ.陈… Ⅲ.庄周(约前369-前286)-哲学思想-研究 Ⅳ.B223.55

中国版本图书馆 CIP 数据核字(2020)第 060361 号

书 名	庄子浅说
著 者	陈鼓应
丛 书 名	陈鼓应著作集
责任编辑	朱立峰
责任印制	陈丽娜
出版发行	中华书局
	(北京市丰台区太平桥西里38号 100073)
	http://www.zhbc.com.cn
	E-mail:zhbc@zhbc.com.cn
印 刷	三河市中晟雅豪印务有限公司
版 次	2020 年 6 月第 1 版
	2025 年 7 月第 5 次印刷
规 格	开本/920×1250 毫米 1/32
	印张 4⅞ 插页 3 字数 100 千字
印 数	15001-17000 册
国际书号	ISBN 978-7-101-14497-0
定 价	26.00 元

陈鼓应与沃尔法特（左一，德国汉学家，被誉为"欧洲的道家先生"）、薛华（左三）等人在一起

年轻时的陈鼓应夫妇

《陈鼓应著作集》总序

一

我一生大部分时间都在校园中度过,这期间,两岸历经对立与交流的种种曲折。我的现实人生与学术人生亦颇多波折,两者交互抵触,有时又能相互彰显——现实人生的坎坷,常使学术路途中断,但我"困"而知之,不断激发求知的动能,进而丰富着我的学术人生。

我的著述主要分两类:一是学术专著,二是时感性的文章。后者将以《鼓应文存》为名,另外编成一个系列,包括《失落的自我》《言论广场》《台大哲学系事件》《走进白色恐怖》《台湾民主运动的脚步》等著作。这一系列反映着我所处的境遇与时代的路痕。

我的专业著作,主要集中在道家各派及三玄四典的研究。《悲剧哲学家尼采》是我的第一本书,这本小书奠定了我学术的基础,接着是《庄子浅说》,用力较深的则是费时多年的《庄子今注今译》。可以说,从尼采到庄子,是我学术路程的一条主线。借着他们,我将现实关怀与学术人生联系在一起。

二

大学期间,受先师方东美中国哲学史课程的影响,我体会到,如果不能了解一个民族的灾难,也就不能理解这个民族文化的深层底蕴。个体生命也是如此,正如叔本华所说:"一定的忧愁、痛苦或烦恼,对每个人都是时时必需的。一艘船如果没有压舱物,便不会稳定,不能朝着目的地一直前进。"我的现实人生与学术人生就是在这样矛盾的状态下并行演进着,恰恰体现了老子祸福相依的哲理。

中青年期间,我常处于逆境中,尼采的冲创意志和庄子在"困苦"中保持定力与超越的心境,对我产生了深远的影响,激励着我迎难而进,永葆生命的昂扬气概。

台湾在二十世纪六七十年代经历了白色恐怖,我在这一时期的学术著作反映了我内心对于自由民主的渴望。到了七八十年代,我在文献和学术论著方面打下基础。作为一个知识分子,在那段时空中,我虽然经受着现实环境的冲击,却还能积极地参与学术、文化上的反思。透过古籍文献的整理与诠释,我不仅得到传统人文思想的熏陶,还表达了对极端化与绝对化的神权思想的反感,阐发了对威权体制下的人身崇拜和造神运动的批判。这一时期,我以尼采和庄子为主的论著,都反映了"任其性命之情"的倾向。接下来,《道家的人文精神》和《庄子人性论》两书的内容,又可以说是"安其性命之情"的展现。

三

《陈鼓应著作集》共二十本,它们分别在海峡两岸不同的时空中写成。有关尼采哲学和存在主义的介绍以及老、庄的注译,都是二十世纪六七十年代在台大校园里完成的。1973年春夏,因为参与台大校园内的保钓运动、发表时论,我和王晓波在"台大哲学系"事件中首遭整肃。自此以后,我的学术人生被迫中断十余年,直到1984年才在北京大学重启学术生涯。

在北大哲学系执教期间,我除了陆续完成道家各派典籍的诠释,也针对当时大陆学界的研究现状,着力于围绕以下三个议题表达不同的观点,并在《哲学研究》等刊物上陆续发表相关论作:第一是中国哲学开端的议题;第二是《易传》的学派归属问题;第三是理学开山祖的问题。这三个重要的议题构成了我的《道家哲学主干说》的中心议题,这将是我的最后一本学术专著。

"9·11事件"之后,整个世界更加动荡不安,就像司马迁所说"天下共苦,战斗不休",也像泰戈尔《演讲集》中对西方思维方式的描述:"西方人习惯于按照人们所归属的半球不同,而将人类世界断然划分为好的和坏的。这种傲慢的分裂精神严重地伤害了我们,给我国自己的文化世界造成巨大危害。"事实上,战争与冲突的根源多在于东西方文化上的差异。为此,我更愿意站在地球村的视角思考问题。中国哲学儒、墨、道、法各家,传承数千年而蕴涵着中国文化的内涵,各有其普世的价值。这种普世价值,是指在人文精神的照耀下,老、孔、墨、庄的思想都散发出普世的情怀,即老子的贵柔及其宽容心态、孔子的恕道及其家庭伦理、墨子的兼爱与非攻思想、庄子的艺术人生和齐物精神。

四

我们这一代都在内忧外患中度过重重的困境,我生长在动荡时代的福建客家山区。从我有记忆开始,日本军机就在我的家乡频繁轰炸,导致平民死伤无数,给我留下难以磨灭的深刻印象。

由于长时期目击了强权带给人类灾难的战争,逃难、流离、思乡之情始终扰动在我的生命中。然而,尼采的酒神精神、日神精神和《庄子》的"任其性命之情"、"安其性命之情"的洒脱心境,却赋予了我在困境中思索与写作的动力,使我能够在尼采的思想中,寻找到精神的家园,在《庄子》的天地中,寻找到心灵的故乡。

五

台大校园和北大校园是我这一生学术活动的中心点。我从台大哲学系退休之后,晚年又重返北大哲学系任教,有赖于北大哲学系主任王博教授的邀约和学校领导的大力支持。鹏程瀚宇公司孙宝良总经理帮我安顿入住到北大中关新园寓所,使我有了一个良好的环境,可以安心从事教学和研究工作。这一套著作集系列的筹划和出版,是由北京中华书局顾青总编辑积极促成的。对于上述诸位的雅情高谊,我在此一并致谢。

最后,我要说明的是:除了少数的几部书稿,著作集中的大部分书稿都曾在两岸出版过,此次汇编再版,都以最新或经过修订的本子作底本排版;除了少数几部新作外,凡旧稿中的前言或序言皆一仍其旧,予以保留,不再另行撰写。

陈鼓应

2015 年 4 月 21 日

于北京大学道家研究中心,时年八十

目　录

第二部分　庄子思想散步

附　录　老庄思想要旨

出版说明

一、自尼采进入庄子

《庄子浅说》(原名《庄子哲学》),是我于半个世纪之前,正好刚读完台大哲学研究所并写成《悲剧哲学家尼采》之后,经由必然中的偶然而接触到庄子,在细心观赏之余写就的一本小书。这两本书象征着我学术人生的起点。

尼采提出,在希腊的悲剧艺术中激荡着两种精神,一种是激情而饱含冲创意志的酒神精神,另一种是宁静而蕴藏清明心智的日神精神。正如方东美先生所言,前者代表感性和创造力,而后者代表理性和秩序感。就我的学思历程而言,《悲剧哲学家尼采》和《庄子浅说》似可与上述两种精神相对应,它们仿佛预示着我的学术人生逐渐由尼采转向庄子,由西方转向东方,由酒神精神转向日神精神。

我与庄子的渊源,可以追溯到1954年就读于台大文学院之时。那时,教授大一国文课的是王叔岷老师,他在《庄子》文本的校勘、训诂领域享誉学林,这或许于不经意间为我日后进入《庄子》埋下伏笔。在大学期间,我虽也曾选修过吴康教授的《老庄哲学》,但从未被老师引导去阅读过原著,也并未被激发起对文本的兴趣,更未尝进入老庄的精神世界。在研究所期间,对《庄子》最为推崇的方东美先生也主要讲授西方古典哲学的课程。直到六十年代初期,我才偶然地由尼采及存在主义转入庄子,但此种偶然实则寓于必然之中。

二、由文学过渡到哲学

六十年代初期,我沉浸在尼采《查拉图斯特拉如是说》的田园中,其以散文诗体延伸哲理,使我由对存在主义文学的注目逐渐转入对存在主义哲学的思索,并进而写作《悲剧哲学家尼采》。此后,我亦流连于卡夫卡《变形记》《城堡》,加缪《异乡人》《瘟疫》以及萨特《墙》《间隔》的意象里。它们对现实与理想之间张力的刻画,比如《变形记》中彰显出时间的逼迫感、空间的囚禁感以及现实生活的压力感,《墙》中表露出的人与外界的割离感、人群之间的距离感以及精神的空虚感,无不激荡起我的内心与白色恐怖的沉闷时代之间的浓郁的疏离感,亦不免触发我希求在学术领域上借助原著和典籍超拔"少年维特之烦恼"。

值此之时,《庄子》文本以其恢宏的气象、宽广的意境洞彻出一番辽阔的视界,投射下一片宁静的光辉并散发着快意自适的情态,使我再次由对存在主义文学的徘徊直接跨入对庄子哲学的领悟,进而写作这本小书。显然,对于青年时代的我而言,接触到

《庄子》，宛如跨进一座巍峨而深奥的殿堂，我恍然找寻到精神的家园和心灵的故乡。这种寄托之感于中年以后便愈加强烈。因而，潜藏于这两种转变背后的，是我的心境由激情到宁静，由狂飙到内敛，由冲创意志到清明心智的缓慢调适，也是我由酒神精神到日神精神的渐次平衡。此便是那寄寓着偶然的必然的一面。

三、印行溯源及重排说明

本书最早以《庄子哲学》之名，由台湾商务印书馆印行。1991年，香港商务印书馆再度出版时更名为《庄子浅说》。2012年，北京三联书店发行了同名的简体本。这次，我将《庄子浅说》与新增的文稿《庄子思想散步》合为一书，收到我的著作集里，仍定名为"庄子浅说"。新增的这部分稿件是我自上世纪九十年代以来，往来于两岸三地之间所做的有关庄子思想的演讲文字的汇编。

严格说来，本书并不算是一本学术著作，却能呈现出我学术人生中的微细而重要的环节。其一，它是我进入中国哲学，尤其是道家哲学的开端；其二，它是我在概念哲学与想象哲学之间，明显地倾向于诗意乃至文学性哲学的反映；其三，它是我将时代和人生的感悟结合文本议题的抒发，于我的学术人生中亦折射出我现实人生的路痕。

是为序。

陈鼓应口述，苗玥整理

2014年5月27日

第一部分

庄子浅说

写在前面

在我的第一本书《悲剧哲学家尼采》前言里,我曾经说过世界上有两本书是我最喜爱的:一本是中国的《庄子》,另一本是德国尼采的《查拉图斯特拉如是说》。这两者在思想解放与个性张扬方面,有许多共同点。而尼采的激情投入与庄子的清明超脱,正有如希腊悲剧中狄奥尼索斯(酒神)与阿波罗(太阳神)两种精神力量的相互对立而又相互协调一样,亦反映着历代知识分子内心的种种冲突与求取平衡。看来,一个人生活的体验愈多,愈能欣赏庄子思想视野的宽广、精神空间的开阔及其对人生的审美意境;一个人社会阅历愈深,愈能领会庄子的"逍遥游"实乃"寄沉痛于悠闲",而其思想生命的底层,则未始不潜藏着深厚的愤激之情。

我对庄子的兴趣,最初是由好友包奕明引起的。我在大学期间,以学习西方哲学为主,老庄哲学虽列为必修课程,但除了听到一些本体论、宇宙论的概念术语之外,并无所获,对于老庄思想的精髓,更不甚了了。我读研究所时,在研究尼采著作之余,也喜读存在主义的作品,奕明兄多次对我说:"庄子'善吾生者,乃所以善吾死也',很有存在主义的意味。"他的一番话引起我的好奇,由好奇而嚼读《庄子》。

前言　庄子的影像

　　在一个混乱的社会里，庄子为人们设计了自处之道。在他所建构的价值世界中，没有任何的牵累，可以悠然自处，怡然自适。

　　从历史中我们可以看到，太平盛世时，儒学思想往往抬头，因为儒家确实提供了一套适于当时人际关系的伦理基础。于是，治者们也乐于将整个社会结构纳入伦理关系中，以维系社会秩序，使其井然。然而，历代毕竟乱多于治，每当政情动荡，社会大乱时，儒学思想便失去效用，而道家思想则应时而兴。因为道家能深入人性，切中时弊，彻察动乱的根由；它正视人类不幸的际遇，又能体味人心不安的感受，对于饱经创伤的心灵，尤能给予莫大的慰藉。因而，中国历代的变动纷扰，对于儒家而言是一种沉重的负担，结果每每由道家承担起来。而道家集大成的人物，便是庄子。

　　今天，我们置身于史无前例的繁复而混乱的社会形态中。庄子思想对于我们，或许更有一种特殊的感受与意义！

请想想我们今日所生活的世界：现代高度机械化的结果，早已使得优游的生活成为过去。每个人只是急躁而盲目地旋转于"高速"的旋涡中，像是被恶魔赶着，匆匆忙忙地随波逐流。都市文明的生活，使人已不再和泥土或自然有任何接触，田园生活那种优美而富情调的方式亦已被毁坏。集体主义的猖獗，使人民奋励的情绪被官僚化的教条压抑净尽，生动的精神被僵化的形式扼杀殆尽……这种种感受，当你接触庄子时，更能增加你对他的体味。

只要开始接触庄子，你便会不自主地神往于他所开辟的思想园地。在那里，没有"撄人之心"的成规，没有疲惫的奔波，也没有可怖的空虚，更没有被压迫的痛苦。

凡是纠缠于现代人心中那些引起不安情绪的因素，全都在庄子的价值系统中烟消云散。他扬弃世俗的拖累，强调生活的朴质，蔑视人身的偶像，夸示个性的张扬，否定神鬼的权威……总之，接近他时便会感到释然，在他所开创的世界中，心情永远是那么无挂无虑，自由自在。

生活篇

一、贫穷的生活

提起庄子,他的家世渊源不可知,师承源流不清楚,生死年月也史无明文。在当时,没有人为他作传,也没有自述之文,因而他的身世始终是个谜。

幸好,在《庄子》书内,他的学生偶尔散漫地记载着他的一些行谊事迹,凭着这一鳞半爪的资料,也可在后人心中留下一个特殊的影像。

庄子生活贫穷,在《庄子》书中也有记述,例如一篇关于他向人借粮的故事:

> 庄周家里贫穷,所以去向监河侯借米。监河侯说:"好的,等我收到地方上人民的租税时,我会借三百金给你,行吗?"

> 庄子听了,心里很不高兴,说:"我昨天来的时候,中途

听得有呼唤我的声音。我回头一看,原来在车轮辗过成洼的地方,有一条鲫鱼。我便问它说:'喂,鲫鱼!你在这里干啥呢?'鲫鱼回答说:'我是东海的水族。你有少许的水救活我吗?'我说:'好的,等我到南方游说吴越的国王,激引西江的水来迎接你。可以吗?'鲫鱼听了,心里很不高兴,沉着脸说:'我因为离了水,失去了安身之处。我只要少许的水就可以得救。你说这话,不如早一点到干鱼市上去找我吧!'"(《外物》,下引只注篇名,不注书名)

这故事虽是以寓言的方式表述,但他的家贫,确是实情,另外一段记载也可看出他的穷困:

庄子身上穿了一件打了补丁的粗布衣服,脚下踏着一双用麻绳绑着的破布鞋去见魏王。魏王说:"先生,你怎么这样疲困啊?"

庄子回答说:"这是贫穷,并不是疲困。……"(《山木》)

事实上,庄子是既贫穷又疲困,在那"昏君乱相"的时代,只有小人才能得志。让我们再看一个例子:

宋国有个叫曹商的人,宋王派他出使秦国。他去的时候,只得到宋王给他的几辆车子,到了秦国,秦王很高兴,赏给他百辆车子。他回宋国,见了庄子便说:"住在破巷子里,穷得织草鞋,饿得颈子枯槁,面孔黄瘦,在这方面,我可赶不上你;至于一旦见了大国的国君,就得到上百辆的车子,这就是我的长处了。"

庄子回说:"我听说秦王得了痔疮,找医生给他治。谁能把痔疮弄破，就可得到一辆车子，谁能舐他的痔疮，就可得到五辆车子。治病治得越下流，所得的车子就越多。你是不是给秦王治过痔疮？怎么搞到这么多的车子呢？还是走你的吧！"（《列御寇》）

庄子后学所记的这些事例，如果是真的话，在对话中倒透露了一些庄子的生活实况：他"住在破巷子里"，饿得面黄肌瘦。这和"在陋巷""箪食瓢饮"的颜回，岂不成了难兄难弟吗？营养不足的颜回，可怜不到三十岁就夭折了；庄子倒真命长，一口气活到七八十岁，从文章的气势上看来，还好像精神抖擞的样子！

如果庄子真是只靠着"织草鞋"来维持生计，那和荷兰大哲斯宾诺莎（Spinoza）的磨镜过活，实有其共同的意义：他们都把物质生活的需求降到最低的程度，而致力于提升精神生活。

二、异鹊的故事

在生活态度上，庄子是顺其自然的。他认为，如果一心一意去计算人家，必然会导致物物相残的后果。庄子这种想法，见于一个有趣的寓言上：

　　庄周到雕陵的栗园里游玩，走近篱笆，忽然看见一只怪异的鹊从南方飞来，翅膀有七尺宽，眼睛直径有一寸长，碰着庄周的额角飞过去，停在栗树林中。庄子说："这是什么鸟呀！翅膀大而不能远飞，眼睛大而目光迟钝。"于是提起衣裳，快步走过去，拿着弹弓窥伺它的动静。这时，忽见一只蝉儿，正得着美叶荫蔽，而忘了自身；就在这刹那，有只螳螂借着树叶掩蔽着,伸出臂来一举而捕住蝉儿。螳螂意在捕蝉,见有所得而显露自己的形迹;恰巧这只怪鹊乘它捕蝉的时候,攫食螳螂,怪鹊见利而不觉自己性命的危险。庄周见了不觉心惊,警惕着说:"唉!物与物互相累害,这是由于两类之间互相招引贪图所致!"想到这里赶紧扔下弹弓,回头就跑。恰在此时,看守果园的人以为他偷栗子,便追逐着痛骂他。(《山木》)

所谓"螳螂捕蝉,黄雀在后",这个有名的典故就是从这寓言出来的。由这寓言引申出一个结论:成心谋算他物,就会招引别物来谋害自己。

因而,唯有泯除心计,乃能免于卷入物物竞逐的循环斗争中。

然而,世人却往往一味追求欲念而迷忘本性,这就是庄子所谓:"观于浊水而迷于清渊。"唯欲念是无穷的,而满足总是有限,这样必然会导致悲惨的后果。但这观点,现代人是无法接受的,因为现代人往往沉湎物欲,一去而不知返。

三、终生不仕

有人说:"哲学家的生活是一种艺术性的游戏,不是尘世的情欲生活。"(Josiah Royce:《近代哲学的精神》)诚然,庄子的生活确是充满了艺术性的游戏意味。他不沉湎于尘世的情欲生活,又无觉于外在世界的纷扰,无视于大千世界的诱惑。据记载,他也曾有过显达的好机会,但却断然拒绝了。

庄子在濮水边钓鱼,楚威王派了两位大夫先去表达他的心意："我希望将国内的政事委托给先生！"

　　庄子持着鱼竿头也不回，遂说："我听说楚国有只神龟，已经死了三千年了，国王把它盛在竹盒里，用布巾包着，藏在庙堂之上。请问：这只龟，宁可死了留下一把骨头受人尊贵呢？还是愿意活着，拖着尾巴在泥巴里爬？"

　　两位大夫回答说："宁愿活着拖着尾巴在泥巴里爬。"

　　庄子说："那么，请便吧！我还是希望拖着尾巴在泥巴里爬。"（《秋水》）

在另一篇内也记着类似的事情：

　　有人延聘庄子。庄子回答使者说："你没看见那祭祀宗庙的肥牛吗？披上绣花的单子，吃着丰盛的食物，等到一朝牵入大庙里去，虽然想做一只孤单的小牛，能办得到吗？"（《列御寇》）

司马迁的《史记》亦有记载上述故事：

　　楚威王听说庄子很有才干，派了两位使者，带着贵重的礼物，聘请他做楚国的宰相。庄子哂笑地对楚国使者说："千两黄金确是很重的聘礼，宰相也确是尊贵的职位。可是你们没有看见过祭祀天地时供神用的肥牛？养了好几年，养肥之后宰了，给它披上文彩的锦绣，抬到大庙里去，在这时候，即使它想做一头孤单的小猪仔，办得到吗？你们赶快走开，不要玷污了我！我宁愿在泥巴里游戏，终身不做官，只图个逍遥自在。"（《史记·老庄申韩列传》）

　　庄子坚定地抛开了沽名钓誉的机会，这类逸事，经过正史的记录,更增加了不少的光彩。他对于高官轩冕确实有一种洁癖,倒不是故意做作的。

四、契友惠施

庄子这般旷达的心境,视富贵荣华有如敝屣。其高超之生活情趣,自然超离人群与社群。无怪乎在他眼中,"以天下为沉浊,不可与庄语"(《天下》)。既然这样,就只好"独与天地精神往来"了。像庄子这样绝顶聪明的人,要想找到一两个知己,确是不容易。平常能够谈得来的朋友,除了惠子之外,恐怕不会再有其他的人了。他们都好辩论,辩才犀利无比;他们亦很博学,对于探讨知识有浓厚的热诚。

惠子喜欢倚在树底下高谈阔论,疲倦的时候,就卧在梧桐树下("倚树而吟,据槁梧而瞑"),这种态度庄子是看不惯的,但他也常被惠子拉去梧桐树下谈谈学问("惠子之据梧也……"),或往田野上散步。一个历史上最有名的辩论,便是在他们散步时引起的:

> 庄子和惠子在濠水的桥上游玩。
>
> 庄子说:"小白鱼悠闲地游出来,这是鱼的快乐啊!"
>
> 惠子问:"你不是鱼,怎么知道鱼是快乐的?"
>
> 庄子回说:"你不是我,怎么知道我不晓得鱼的快乐。"
>
> 惠子辩说:"我不是你,固然不知道你;准此而推,你既然不是鱼,那么,你不知道鱼的快乐,是很明显的了。"
>
> 庄子回说:"请把话题从头说起吧!你说'你怎么知道鱼是快乐的'云云,就是你知道了我的意思而问我,那么我

在濠水的桥上也就能知道鱼的快乐了。"(《秋水》)

庄子对于外界的认识,常带着观赏的态度。他往往将主观的情意发挥到外物上,而产生移情同感的作用。惠子则不同,他只站在分析的立场,来分析事理意义下的实在性。因此,他会很自然地怀疑到庄子的所谓"真"。

庄子与惠子的辩论,如果从"认知活动"方面来看,两人的论说从未碰头;如果从观赏一件事物的美、悦、情这方面来看,则两人所说的也不相干。而只在不同的立场与境界上,一个有所断言("知道鱼是快乐的"),一个有所怀疑,("你既然不是鱼,那么你不知道鱼的快乐,是很显然的!")他们在认知的态度上,便有显著的不同,庄子偏于美学上的观赏,惠子着重知识论的判断。这不同的认知态度,是由于他们性格上的相异;庄子具有艺术家的风貌,惠子则带有逻辑家的个性。

庄子与惠子,由于性格的差异导致了不同的基本立场,进而导致两种对立的思路——一个超然物外,但又返回事物本身来观赏其美;一个走向独我论,即每个人无论如何不会知道第三者的心灵状态。

庄子与惠子由于基本观点的差异,在讨论问题时,便经常互相抬杠,而挨棒子的,好像总是惠子。在《逍遥游》上,庄子笑惠子"拙于用大";在《齐物论》上,批评他说,"并不是别人非明白不可的,而要强加于人,所以惠子就终身偏蔽于'坚白论'"("非所以明而明之,故以坚白之昧终");《德充符》上也说惠子,"你劳费精力……自鸣得意于坚白之论"。这些批评,庄子都是站在自己的哲学观点上,而他最大的用意,则在于借惠子来抒发己意。

另外,《秋水》篇记载,惠子在梁国做宰相时,庄子去看他,谣言说庄子是来代替惠子的相位。惠子心里着慌,便派人在国内搜索了庄子三天三夜。后来庄子去见惠子,对他讲了一个寓言,把他的相位比喻为猫头鹰得着臭老鼠而自以为美。这故事恐怕是他的学生假托的。不过,庄子与惠子在现实生活上确实有很大的距离。惠子处于统治阶层,免不了会染上官僚的气息,这对于"不为轩冕肆志,不为穷约趋俗"的庄子,当然是很鄙视的。据说,惠子路过孟诸,身后从车百乘,声势煊赫,庄子见了,连自己所钓到的鱼也嫌多而抛回水里去(《淮南·齐俗训》)。

他们两人,在现实生活上固然有距离,在学术观念上也相对立,但在情谊上,惠子确是庄子生平唯一的契友。这从惠子死后,庄子的一节纪念词上可以看出:

> 庄子送葬,经过惠子的坟墓,回头对跟随他的人说:"楚国郢人捏白垩土,鼻尖上溅到一滴如蝇翼般大的污泥,他请石匠替他削掉。石匠挥动斧头,呼呼作响,随手劈下去,把那小滴的泥点完全削除,而鼻子没有受到丝毫损伤,郢人站着面不改色。宋元君听说这件事,把石匠找来说:'替我试看。'石匠说:'我以前能削,但是我的对手早已经死了!'自从先生去世,我没有对手了,我没有谈论的对象了!"(《徐无鬼》)

惠子死后,庄子再也找不到可以对谈的人了。在这短短的寓言中,流露出纯厚真挚之情。能设出这个妙趣的寓言,来譬喻他和死者的友谊,如此神来之笔,非庄子莫能为之。

五、鼓盆而歌

独来独往的庄子,仍然逃不掉家室之累。不过话又说回来,家室他是有的,但是否成为他的"累",则不得而知。关于他家室的情形,我们无从知晓。书本上只记载了他妻子死的时候,惠子去吊丧,看到庄子正蹲着"鼓盆而歌",惠子便责难他说:"相住一起这么久了,她为你生儿育女,现在老而身死,不哭也罢了,还要敲着盆子唱歌。这岂不太过分了吗?"庄子却有他的道理:

> 当她刚死的时候,我怎能没有感慨呢! 可是我经过仔细省察以后,便明白她本来是没有生命的;不仅没有生命,而且还没有形体;不仅没有形体,而且还没有气息。在若有若无之间,变而成气,气变而成形,形变而成生命,现在又变而为死。这样生来死往的变化,就好像春夏秋冬四季的运行一样,全是顺着自然之理。人家静静地安息于天地之间,而我还在哭哭啼啼,我以为,这样对于性命的道理是太不通达了,所以不去哭她。(《至乐》)

庄子认为人的生命是由于气之聚;人的死亡是由于气之散,他这番道理,姑且不论其真实程度。就以他对生死的态度来说,便远在常人之上。他摆脱了鬼神对于人类生死命运的摆布,只把生死视为一种自然的现象,认为生死的过程不过是像四时的运行一样。

庄子不相信死后的世界,也反对厚葬。有一段记载:

> 庄子快要死的时候,学生想厚葬他,庄子却说:"我以天

地为棺椁,以日月为连璧,以星辰为珠玑,以万物为赍送。我的葬礼还不够吗? 何必要那些!"

学生说:"我怕乌鸦吃你呀!"

庄子说:"露天让乌鸦吃,土埋让蚂蚁咬,要从乌鸦嘴里抢来送给蚂蚁,岂非太不公平了吗?"(《列御寇》)

对于死生的态度,庄子能这般旷达洒脱,乃是出于自然的流露。在他想来,死生不过是一场梦罢了!

生死篇

一、蝴蝶梦

《齐物论》的结尾,有一个流传久远的故事,便是庄周的蝴蝶梦:

> 昔者庄周梦为蝴蝶,栩栩然蝴蝶也,自喻适志与！不知周也。俄然觉,则蘧蘧然周也。不知周之梦为蝴蝶与？蝴蝶之梦为周与？周与蝴蝶,则必有分矣。此之谓物化。

庄子借蝴蝶的梦觉,以引发其思想。从这短短的寓言中,可导出四个重要的意涵:

一、庄周蝶化的含义;

二、蝴蝶本身所代表的意义;

三、人生如梦的说法;

四、物化的观念。

一、庄周的蝶化，乃象征着人与外物的契合交感。

人与外界是否能融和交感？其间是否有必然的关系存在着？这是哲学上的一个老问题。如以认知的态度来研究，这在认识论上，西洋历代有不少哲学家都持着相反的见解。然而，这一见解如果掉到不可知论的范畴时，人与外界的割离便无法克服。

这问题到了庄子手上，便转了方向，他不从认知的立场去追问，却以美感的态度去观赏。人们在观赏外物时，发出深远的同情，将自我的情意投射进去，以与外物相互会通交感，而入于凝神的境界之中，物我的界限便会消解而融和，然后浑然成一体。这全是以美学的感受来体会，绝不能以科学的分析来理解。

庄子透过"美感的经验"，借蝶化的寓言来破除自我执迷，泯除物我的割离，使人与外在自然世界，融为一大和谐的存在体。

二、庄子将自我、个人变形而为蝴蝶，以喻人性的天真烂漫，无拘无束。

反观现代人，饱受重重的约束。这种情形，在现代文学家卡夫卡（F.Kafka）的寓言《变形记》中表露无遗。寓言说，有一天，格里戈从梦中醒来，突然发现自己变为一只大甲虫，躺在床上。格里戈是个旅行推销员，他每天要在清晨四时起床，赶搭五时的火车，到公司去听命往各处推销棉布。上司的面孔和呆板的工作使他非常厌恶这份差事，但是为了替父亲偿还债务，不得不忍受下去。这天，格里戈在噩梦中醒来，发现自己已不是原来的人形，竟变成一只硕大的甲虫。他想爬出卧室去赶早班车，但却感到自己行动吃力、言词含糊……

这寓言之所以受人重视，因为它隐含的意义很多：卡夫卡以格里戈的遭遇,代表了现代人所承受的时间压缩感、空间囚禁感、与外界的疏离感以及现实生活的逼迫感……

如果我们把眼光移视现在,我们立刻就会感到现代人发明了庞大的机械,又使自己成为机械的奴隶,这种作茧自缚的情况,正如卡夫卡在《洞穴》中所描述的那样:"个人显然变成某种动物,在洞穴中,掘建一个出口又一个出口,以保护自己;但却永远不能走出洞穴。"这是现代人最深沉的悲哀。从这里,我们可以更深一层地体会庄子蝴蝶所象征的意义。

庄子和卡夫卡一样,也将人转化而为动物(蝴蝶),但是他却借蝴蝶来比喻人类"自适其志":蝴蝶翩翩飞舞,翱翔各处,不受空间的限制;它优游自在,不受时间的催促;飘然而飞,没有陈规的制约,也无戒律的重压。同时,蝶儿逍遥自适于阳光、空气、花朵、果园之中——这象征着人生如蝶儿般活跃于一个美妙的世界中;并且,在和暖的阳光、新鲜的空气、美丽的花朵以及芳芬的果园之间,可任意地自我吸取,自我选择——这意味着人类意志的自由可羡。

三、"人生如梦"这句说旧了的话,却创始于庄子。可是,时至今日,这句话的含义已经和庄子的原义大相径庭。

我们每个人都觉得:人生实在是短暂而飘忽,多少欢乐事,到头来终成泡影。这时,我们总习惯用"梦"来抒发自己内心的感触。所以,当我们说人生如梦时,不免充满悲凉之意。但在庄子心中,却丝毫没有这种感觉。庄子以艺术的心态,将人类的存在及其存在的境域,予以无限的美化。因此,宇宙如一个大花园,人生就在这片美景中尽情享受,如蝶儿飞舞于花丛间。因此,在庄子心中所浮现的,便是个美梦。

蝶儿栩栩然飞舞于花丛间,亦象征着人性的天真烂漫,这和西洋宗教视人性为充满罪孽相迥异。两相对照,立即显示出,一种为健康活泼的精神,一种为病态沉滞的心理。

四、"物化"是庄子对于死生看法的一个基本观念。

对于死后的漆黑,无人会不感困惑恐惧。但在庄子看来,死生完全是一种相对的幻灭现象。看通了,也没有什么可怖,只不过,是你从大地上来,又回到泥土里去而已。人的初始,本来就是没有形体的;而形体的形成,以至于复归消解,这个变化过程实在是不足悲的。死后能化为蝴蝶,像物化后的庄子那样,栩栩然而飞,该是多么快乐! 快乐得忘了形时,还不知道自己是庄子呢!

可见,庄子是借"物化"的观念,将死生的对立融于和谐之中。

二、生死如来去

我们究竟从何而来? 往何而去? 这是个永远解不开的谜,它的神秘使人如置身黑幕之中。

有生必有死,死是人生的终结,人生便是趋向这个终结的一个历程。在生命的历程中,死的因子无时无刻不隐伏在人的身上,当它一旦浮现时,人的生命便告终止,而他和外在世界以及其他人类的一切关系也从此被切断。

人虽然常常谈到死,恐惧死亡,但这只是对于"别人的死"的感觉,自己却从未经历过;一个活人,永远没有与人同死的经验。死是个人的事,不能由任何人来取代,每个人都必须面对它,亦没有其他人可以救助你,如德国哲学家海德格尔所说,这时候你便陷入完全孤立无援的境界。因此,当一个人眼看自己的存在趋向终点时,恐惧之情是可想而知的。

面对死亡的畏惧,庄子培养着一种洒脱的心境来化除它。

首先,我们应明白死亡之所以值得恐惧,最大的原因莫过于对死后痛苦的忧虑。然而死后的情形究竟怎样呢?是一种变迁抑或消失?若是一种变迁,则如神学家所言,灵魂将由此世引渡到彼岸;若是消失,则死亡便为无意识之事。照苏格拉底看来,如果死后化归乌有,则死亡是件幸福的事,因为它表示结束痛苦;如果死后仍有来生,则死亡仍属幸福之事,因为他可不受被放逐或临刑的骚扰。具有遁世思想的苏格拉底显然承认后者的主张,在柏拉图的对话录《斐多篇》(Phaedo)中,他更是卖力地辩称灵魂会再生。相反地,伊壁鸠鲁派则努力破除灵魂不朽之说。他们认为,扫除一切不朽的思想,便可消除对于死亡的恐惧感。我们应对自己说,死亡是微不足道的,不管我们活着或死去,对我们都没有影响:如果活着,我们无需恐惧死,因为生命仍为我们所珍有;如果死去,我们也无需恐惧,因为恐惧乃是活人意识的表现。所以,只要我们存在,死亡便不存在,故而我们和死亡永不碰头。

庄子的观点,和他们稍有出入。他不像苏格拉底那样,为了弥补自己在现实世界所受的灾难,于是幻想一个来生世界以作阿Q式的满足。他较接近伊壁鸠鲁派的看法,认为死亡是不足为惧的;但伊壁鸠鲁派以为死亡只像"无梦的睡眠",庄子则把它当作"梦中的睡眠"。人生如在梦中,则似乎承认死后仍有意识活动,如庄周蝶化后的"栩栩然而飞"。若说死后确有意识活动,这一点只能视为文学家的想象,而无法使人公认。不过,庄子也仅止于文学家的想象,并没有做宗教家的幻想——虚构一个天国来欺骗自己,迷惑愚众。况且,庄子死后蝶化的寓说,最大的用意乃在于化除人们对死亡痛苦的忧虑,借变了形的蝴蝶来美化死亡之事。

在庄子的意识中,死亡不过是"翛然而往,翛然而来而已"(《大宗师》)。所以,我们要以旷达的心胸来迎接它。这一观点,庄子借秦失吊唁老聃之丧的故事,更生动地表明出来:

> 老聃死了,秦失去吊丧,号了三声就出来了。
>
> 学生便问:"他不是你的朋友吗?"
>
> 秦失说:"是的。"
>
> 学生又问:"那么,这样子吊唁可以吗?"
>
> 秦失说:"可以的。原先我以为他是至人,现在才知道并不是。刚才我进去吊唁的时候,看见有老年人在哭他如同哭自己的儿子一样,有少年人哭他如同哭自己的母亲一样。由此看来,老少都哭他哭得这样悲伤,一定是和生时的他情感很深厚,而心中有不能自已者,所以不必说而说了,不必哭而哭了。这种作风是逃避自然,违背实情,忘掉了我们所赋有生命的长短。古时候称哭为逃避自然的刑法。正该来时,老聃应时而生,正该去时,老聃顺理而死(随自然的变化而消失生命)。安时而处顺,哀乐的情绪便不能入于心中了。古时候,把这叫做解除倒悬之苦。"(《养生主》)

世俗的人群,莫不生活在倒悬的状态下,最大枷锁是人类自身被死生的念头——死之恐惧与生之情欲——所困住。人们如果能够视生死如来去——飘然而来,翩然而去。乍去乍来,"安时而处顺",把生死置于度外,不受俗情所牵累,便像"悬解"——解除了倒悬一样。达到这种心境的人,视死生如一。对生不必喜,也不必厌;对死不必惧,也不必乐。人生于天地间,劳逸死生都是极其自然的事,所以应坦然处之。如庄子说:

> 大地给我形体,用生使我勤劳,用老使我清闲,用死使我安息。所以善于掌握我的生,也就善于安置我的死。(《大宗师》)

庄子说:"善吾生者,乃所以善吾死也。"过着健全的一生,乃是享受圆满的死亡;肯定生,乃所以肯定死;死的价值,有赖于生来肯定;死的意义,有赖于生来赋予。你若有能力来掌握你的生,你也就有权利来埋葬你的死。如此,肯定"生",实属首要之事。

由此可知,庄子的生死观念绝不是消极的,更不是出世的。在他《逍遥游》内鲲鹏的寓言中,也可看出他对入世的情怀。

思想篇

一、鲲鹏和小麻雀

翻开《庄子》,首篇便是《逍遥游》的鲲鹏寓说:

> 北冥有鱼,其名为鲲。鲲之大,不知其几千里也。化而为鸟,其名为鹏,鹏之背,不知其几千里也;怒而飞,其翼若垂天之云。是鸟也,海运则将徙于南冥。南冥者,天池也。

我们先从字面上说明其中的意义。

这里的"北冥(海)"、"南冥"、"天池"都不是人迹所能到达的地方,其旷远非世人的肉眼所能窥见,要以心灵之眼才能领会。这喻示需超越有形的空间与感官认识之限制。

庄子借变了形的鲲鹏以突破物质世界中种种形相的范限,将它们从经验世界中抽离出来,并运用文学的想象力,展开一个广漠无穷的宇宙。在这新开创的广大宇宙中,你被赋于绝对的自由,可纵横驰骋于其间,而不加以任何的限制。

盖俗语所谓"海阔凭鱼跃,天高任鸟飞",虽然是形容鱼鸟的自由,但毕竟是相对的、有限度的。因为鱼、鸟的行动范围,不可能越出于海、天之外,也就是说它们是受制于海、天的。因此,庄子所创造的巨鲲大鹏,意在破除有形海、空的限制,以拉开此一封闭的空间系统。

鲲"化而为鸟(鹏)",仅是形状的变化,而质和量是未变的。这里的"化",乃是朝着理想世界趋进的一个过程、一个方向。

"怒而飞",意指来到人间世,奋力拓展。"怒"含有振作之意。

"海运则将徙于南冥"。海"运"即是海"动",海动必有大风,大风起兮,鹏乃乘风飞去——这意指时机,即是时机成熟、条件充足才出而应世。

"南冥"的"冥",亦作"明"解,憨山注:"谓阳明之方,乃人君南面之喻。"这喻示着人世的抱负。这一抱负一经开展,即充满着乐观的信念。由这里可以看出,庄子并非如一般人所说的悲观消极且怀遁世思想。相反,他满怀入世的雄心,只是要俟时机——即是应世有其条件,非如孔孟冀贤君之凄凄惶惶。现实世界的环境若和他的想法相距太远时,他便保留着自己的生活态度,而不愿失去自己的原则。

现在,让我们再讨论这寓言的要点。

一、庄子托物寓意,以鲲鹏意示他心中的理想人物——他称为"至人"。首先要行迹隐匿,自我磨砺。鲲潜伏在海底,犹如读书人沉伏桌案,埋头探究,以充实自己,俟内在条件准备充实后,出而应世,如鹏之高举。这种理想人物一经出现,其功便足以泽及百姓,如鹏之翼覆群生。

由此可知,庄子心中的理想人物实具有鲲鹏两者的性格:如鲲一般的深蓄厚养与鹏一般的远举高飞。

二、"北冥"、"海运"、"积厚",意指人才的培育是需要优越的环境与自我准备。

所谓"鲲之大,不知其几千里也",照此而推,则北海之大,必然是广漠无涯而不可以计量。大鲲非北海之广不足以蓄养,喻意人才亦需优厚的环境培养。所谓小池塘养不了大鱼,也正是"水之积也不厚,则其负大舟也无力"。载负大舟,必须水积深厚,这说明了环境对于培养人才的重要性。

在庄子笔下,大鹏的南飞之后,又出现小鸟的嘲语:

> 我尽全力而飞,跃到榆树或檀树上,有时飞不上去,投落地面来就是了,何必一举九万里飞往遥远的南海呢?

小鸟生长在榆枋,腾跃于其间,洋洋自得,怎能体会大鹏的远举之志呢? 至人的志趣,世俗浅陋之徒是无法理解的。所以,庄子借此以喻世人之囿于短见。

庄子在蝉与斑鸠笑大鹏的文字后,下了一个断语:"这两只小虫又知道什么呢?"接着他感慨地说出了"小知不及大知……众人匹之,不亦悲乎"的话,显然是说,浮薄之辈不能领会渊深之士,可是他们还不自量力想去比附,岂不是太可悲了吗? 紧接着,小麻雀又讥笑大鹏:"我腾跃而上,不过数仞而下,翱翔于蓬蒿之间,此亦飞之至也,而彼且奚适也。"就在这里,庄子下了结论:

"这就是小和大的分别啊!"

与《逍遥游》有异曲同工之意的还有《秋水》篇。盖《逍遥游》的大鹏、小鸟和《秋水》篇的海若、河伯,实是前后相映,旨趣相若。河伯、海若的寓言是这样写的:

> 秋天霖雨绵绵,河水上涨,所有的小川都灌注到黄河里去,河面骤然阔大,两岸和水洲之间,连牛马都分辨不清。于是河神扬扬自得,以为天下的盛美都集中在他身上了。他顺着水流往东行走,到了北海,他向东面瞭望,看不见水的边际。于是河神才转过脸来,仰望着海神感叹着……

"河伯欣然自喜,以天下之美为尽在己",这和《逍遥游》中小麻雀的"翱翔于蓬蒿之间",自得于一方,同样表现了自我中心的哲学。这使我们想起许多河伯型的小哲学家,只知拘泥于琐细,玩纳微末而窃窃然自喜,这在庄子眼底里,不过是一蚊一虻之知罢了!

二、涉世之道

"庖丁解牛"是庄子另一个家喻户晓的寓言。庄子借解牛喻意养生,写来形声俱活:

> 有一个厨夫替梁惠王宰牛。他举手投足之间,劈劈啪啪地直响,进刀剖解,牛的骨肉就哗啦一声分离了,牛的分裂声和刀的割切声莫不合乎音乐的节拍,厨夫的一举一动也莫不合于桑林乐章的舞步和经首乐章的韵律。
>
> 梁惠王看了不禁赞叹着:"啊! 好极了! 技术怎能精巧

到这般的地步?"

厨夫放下屠刀回答说:"我所爱好的是道,已经超乎技术了。我开始宰牛的时候,满眼只见浑沦一牛。三年以后,就未尝看见整条牛了,所见乃是牛骸筋骨的分解处。到了现在,我只用心神来体会而不用眼睛去观看,耳目器官的作用都停止了,只是运用心神,顺着牛身上自然的纹理,劈开筋骨的间隙,导向骨节的空窍,按着牛的自然纹理组织去用刀,连筋骨盘结的地方都没有一点儿妨碍,何况那显见的大骨头呢? 好的厨子一年换一把刀,他们是用刀去割筋肉;普通的厨子一个月换一把刀,他们是用刀去砍骨头。现在我的这把刀已经用了十九年,所解的牛有几千头了,可是刀口还像是新磨的一样锋利。因为牛骨节是有间隙的,而刀刃是没有厚度的,以没有厚度的刀刃切入有间隙的骨节,当然是游刃恢恢,宽大有余了,所以这把刀用了十九年还是像新磨的一样。虽然这样,可是每遇到筋骨交错盘结的地方,我知道不容易下手,就小心谨慎,眼神专注,手脚缓慢,刀子微微一动,牛就哗啦一下子解体了,如同泥土溃散落地一般,牛还不知道自己已经死了呢! 这时我提刀站立,张望四方,心满意足,把刀子揩干净收藏起来。"

梁惠王说:"好啊! 我听了厨夫这一番话,得着养生的道理了。"(《养生主》)

文惠君听了庖丁的一番话,想到"养生"的道理上面去了。事实上,庖丁的话不仅意示着自处之道,也说出了处世之道。这生动的故事隐含着两个重点:

一、庖丁能顺着自然的纹理去解剖筋骨盘结的牛，指出世事、世物的复杂，只要能顺乎事物的自然组织去做，乃可迎刃而解。这说明了处世之道：勿强行，毋妄为。

二、庖丁解牛，虽然"游刃有余"，但是每次解牛的时候，他总是小心谨慎。解完牛，虽然"踌躇满志"，但不露锋芒，随即把刀揩干净收藏起来。这心理上的警觉和行为上的收敛便是自处之道。

"庖丁解牛"的故事见于《养生主》，而它的旨意却在《人间世》上更具体、更细微地发挥出来。后者的前一半文章，先叙述人世间的混浊难处，而后说出涉世的态度。后半部则多抒发自处之道，和"庖丁解牛"旨意相通。

《人间世》首先说尽了涉世的艰难。其所以艰难，乃因世间的混浊，而混浊当然是由统治阶层所造成的。

由是，庄子假借孔子和颜回师生两人的对话，揭露了当时统治者的黑暗面，如统治者的一意孤行（"轻用其国，而不见其过"），视民如草芥（"轻用民死，死者以国量乎泽若蕉"）和只要贤能的臣子有爱民的表现，就会招忌而卒遭陷害（"修其身以下伛拊人之民……故人君因其修以挤之"）。

若要和这样顽强暴虐的统治者相处，或进一步想去谏说他，便很困难了。"他一定会乘人君之势，抓着你说话的漏洞，辩倒你。这时，你会自失其守，眼目眩惑，面色和缓，口里只顾得营营自救，于是容貌迁就，内心无主，也就依顺他的主张了。这是用火去救火，用水去救水，这就叫做帮凶了。"（《人间世》）那么，面对这样的情形，有什么法子呢？

庄子假托颜回前后提出了三种对应的态度：

一、"端虚勉一"——外貌端肃而内心谦虚,勉力行事而意志专一;

二、"内直外曲"——心里耿直而外表恭敬;

三、"成而上比"——谏诤时引用古人的成语。

可是,庄子又借孔子的嘴,肯定统治者是积重难返,不可感化的! 孔子又提出要"心斋"。"心斋"之道,乃要人做到"虚"——不要对外界的东西耿耿于怀,要能泰然处之。达到这种心境以后,才可进一步谈处世之道的要诀:

> 若能入游其樊,而无感其名,入则鸣,不入则止……绝迹易,无行地难。

庄子认为,在世网之中,要赴之以"游"的心怀,不被名位所动。而且,和这样乖谬的统治者相处,态度应该是:"能够接纳你的意见就说,不能接纳你的意见就不说。"不必逞一时之气,强使其接纳。

庄子又认为,应世之难,莫过于君。而人间世上是无往而无君的,不管是直接或间接,总要和统治者接触,发生关系,这是"无所逃于天地之间"的事。因而,庄子反复地说明涉世相处的艰难,并指出对应之策。在凶残的权势结构下,他提出"无用之用",对统治阶级采取不合作的态度,并提醒人们:自处之道,首在谨慎行事。

庖丁解牛虽然近于神乎其技,可是他每次碰上筋骨交错的地方,就特别小心谨慎。在《人间世》内,庄子也一再提醒人不要像

"志大才疏"的螳螂一样，自恃本事大，"怒其臂以当车辙"，结果遭殃的还是自己。

才智之士，处于乱世务须小心谨慎，不要夸耀自己的才能，才能外露时会招忌于人，这是启争之端。因而，庄子看来，在这"福轻乎羽，祸重乎地"的年头，才智之士应知藏锋，藏锋的妙策，莫过于以"无用"而藏身。

三、无用之用

世俗之人，往往以实用为权衡价值的标准。有直接而实际效用的事物，就认为它有价值；没有直接而实际效用的，就认为它没有价值。殊不知，许多东西的用处虽是间接而不显著，然而其重要性却远超过了那些有直接效用之物。庄子虽然没有指出纯理论知识比实用技术重要，但是，他揭露了一般人的急功好利，目光如豆，而只知斤斤计较于眼前的事物。于是，站在实用本身的立场，他阐扬"无用之用"的意义。

从庄子哲学看来，"无用之用"有几层意思：

一、借此说以发抒自己的心事。

庄子的立意借纵横洸洋的笔端倾泻而出，"犹河汉而无极"，乍听起来，觉其言"大而无用"、"狂而不信"。这点庄子似乎有先见之明。所以，他说："瞽者无以与乎文章之观，聋者无以与乎钟鼓之声。"

二、世俗世界的人，限于小知与无知，往往有眼无珠而不识大才大用；他们是拙于用大的。

在《逍遥游》里，庄子又借惠子以抒发自己的心事：

惠子对庄子说:"魏王送我一颗大葫芦的种子,我种在土里,长大以后,结出来的葫芦足足有五石容量那么大;用来盛水,它坚固的程度却不足够;把它剖开来做瓢,又没有这么大的水缸可以容纳得了。我认为它空大无用,所以把它打碎了。"

庄子说:"你真是不善于使用大的东西啊! 宋国有个人,精于制造一种不皲裂手的药物,他家世世代代都以漂洗丝絮为业。有一个客人听闻这种药品,愿意出百金收买他的药方。宋人把全家人找来共同商量:'我家世世代代以漂洗丝絮为业,只得到很少的金子,现在卖出这个药方,立刻就可以获得百金,就卖了罢!'客人得到药方,便去游说吴王,这时越国犯难,吴王就拜他为将,冬天和越国水战,因为用了这药,兵士可免于冻裂之患,结果大败越国,吴王遂割地封赏他。同样一种药方,有人使用它,可以得到封赏;有人使用它,只是漂洗丝絮,这就是因为使用的方法不同的缘故。现在,你有五石容量的大葫芦,为什么不把它当作腰舟浮游于江湖之中,却反而愁它无处可容(用)呢? 你的心真是茅塞不通啊!"(《逍遥游》)

同是一物,不同的人以不同方法使用它,便产生了如此相异的效果。在这里,庄子意示着世人的不善用其大。接着,又从和惠子的对话中引出他那"无用之用"的妙论:

惠子对庄子说:"我有一棵大树,人家都叫它为'樗'。它的树干上木瘤盘结,不能合乎'绳墨',它的小枝弯弯曲曲,不能合乎'规矩'。长在大路上,经过的木匠都不瞅它一眼。你的言论,大而无用,大家都不肯相从。"

庄子说:"你不曾看见过野猫和黄狼吗?卑伏着身子,等待捕捉出游的小动物,东西跳跃,不避高低,往往踏中捕兽的机关,死于网罟之中。再看看那牦牛,庞大的身子好像天边的云彩,虽然不能捉老鼠,但它的功能可大极了。现在你有这么一棵大树,还愁它无用,为什么不把它种在渺无人烟的地方,广漠无边的旷野上,你可无所事事地徘徊在树旁,逍遥自在地躺在树下。这树就不会遭受斧头的砍伐,也没有东西会侵害它。无所可用,又会有什么祸害呢!"(《逍遥游》)

《人间世》里亦将"无用之用"这观念大加发挥。

有个名叫石的木匠往齐国去,到了曲辕,看见一棵为社神的栎树。这棵树大到可以供几千头牛遮荫,量一量树干有百尺粗,树身的长度高过山头好几丈以上才生树枝,可以造船的旁枝就有十几棵。观赏的人群好像闹市一样的拥挤,匠人却不瞧一眼,直往前走。

他的徒弟站在那儿看了个饱,追上石匠,问说:"自从我拿了斧头跟随先生,未曾见过这么大的木材。先生不肯看一眼,直往前走,为什么呢?"

石匠说:"算了罢,不要再说了!那是没有用的'散木',用它做船就会沉下去,用它做棺椁就会很快腐烂,用它做器具就会很快折毁,用它做门户就会流污浆,用它做屋柱就会被虫蛀。这是不材之木,没有一点用处,所以才能有这么长的寿命。"

石匠回家以后，夜里梦见栎树对他说："你要拿什么东西和我相比呢？把我和文木相比吗？那柤梨橘柚等结果子的草木之类，果实熟了就遭剥落，剥落就受伤；大枝被断，小枝被拉下来。这都是由于它们的'才能'害苦了自己的一生，所以不能享尽天赋的寿命，中途就夭折了。这都是由于自己显露有用而招来世俗的打击，一切东西没有不是这样的。我把自己显现无处可用的样子，已经很久了，然而有好几次我还是几乎被砍死，到现在我才保全到自己，'无处可用'对我正是大用。假使我有用，我还能长得这么大吗？"（《人间世》）

三、不为世俗所容的人，对于他们自己本身却有很大的益处，尤其是不被统治阶层所役用的人，对于自身是件幸事。

世俗对于能者的排挤打击，实在是无所不为。庄子唤醒才智人士，要能看得深远，不必急于显露自己，更不可恃才妄作，否则若不招人之嫉，也会被人役用而成牺牲品。

自我的显现或炫耀，都将导致自我的毁灭，正如"山上的树木被做成斧柄来砍伐自己，油膏引燃了火反转来煎熬自己。桂树可以吃，所以遭人砍伐；漆树可以用，所以遭人割取"（《人间世》）。这和"虎豹因为身上有纹彩，所以招引人来猎取"（《应帝王》）的道理是一样的。无怪乎庄子喟然感叹地说："世人只知道有用的用处，而不知道无用的用处。"（《人间世》）

庄子强调"无用"，并不是为一切"废物"辩护，也不是表现颓唐的心境，乃在于提醒才智之士不可急功近利而为治者所役用，否则,后患便无穷了。譬如李斯,在他做秦朝宰相时,真是集富贵功名于一身,可是最后终于在政治斗争中垮下来。当他被拘下狱时,他不禁仰天而叹说:"昔者桀杀关龙逄,纣杀王子比干,吴王夫差杀伍子胥,此三臣者,岂不忠哉,然而不免于死,身死而所忠者非也。"(《史记·李斯列传》)李斯所感叹的,庄子早指出了。多少人贵幸名富显于当世,然而卒不免为阶下囚;"狡兔死,良狗烹……敌国破,谋臣亡"。从淮阴被诛、萧何系狱的事例,我们可以体会庄子倡言"无用"的警世之意。他深深地觉察到智士多怀才不遇,因之往往陷于悲观或悲愤,于是乃发挥"无用之用"的旨意,以拯救知识分子的危机。在这一点上,庄子对于后代读书人的抗议精神有深远的影响。

庄子生当乱世,深深地觉察到在乱世里"无用"于治者实有"用"于己——不被官僚集团所役用对自己实有很大益处。敏锐的庄子一眼便看穿那些官僚集团不过是戴了面具的盗跖之流。他们豪夺国土,摇身一变而为诸侯;更巧取仁义,将自己塑造为圣人。庄子一方面机警地避开他们,不与为伍,另一方面又灵妙地揭开了他们假仁假义的面具。

四、掊击仁义

在庄子的世界中,那种自得其得、自适其适的心境,那份广大宽闲、悠然意远的气派,都是别家所无的。因而,在他的天地里,凡是一切束缚人性的规范,他都会举笔抨击。

在内篇中,庄子对于仁义的弊端,有力地点了两笔:

仁义的论点,是非的途径,纷然错乱。(《齐物论》)

尧用仁义给人行墨刑。(《大宗师》)

庄子并不反对道德本身,他所反对的是"违失性命之情"的宗法礼制,是桎梏人心的礼教规范("礼教"一词最早见于《庄子·徐无鬼》)。庄子说"大仁不仁"、"至仁无亲","大仁"、"至仁"是有真情实感而无偏私的德行。

庄子为文,幽渺之至。当他要否定一样东西的时候,往往从旁设喻,令你无法正面卫护;或偶尔一笔带过,笔力却雄劲不可挡。他绝不怒形于色,更不作怒骂的姿态。所以,外篇及杂篇中有许多对于仁义大肆"掊击"的言辞,看来不像庄子本人的语调及风格,可能是庄子后学的笔法。也许到了庄子晚年,仁义已变成统治阶层戕贼人类的工具,祸害甚深。所以,庄子学派笔尖直指那些"道德君子"和"窃国诸侯",猛力抨击。

庄子后学掊击仁义,不外乎两个重要原因:

一、仁义已成为强制人心的规范。

仁义已像"胶漆缠索"般囚锁着人心,结果弄得"残生伤性"。

庄子后学甚而激烈地抨击,若从残害生命、戕伤人性的观点看来,为仁义而牺牲的人,世俗上却称之为"君子"。这些好名之徒,事实上和"小人"又有多大的分别呢!

对仁义的"撄人心"(《在宥》),庄子在《天运》中作了有趣的讥讽:

孔子见老聃谈起仁义,老聃说:"蚊子叮人皮肤,就会弄得整晚不得安眠。仁义搅扰人心,没有比这更大的祸乱了。"

意识形态化的仁义对人性纷扰,道家人物的感受可说最为敏锐。

二、仁义已成为"圣人"们的假面具,"大盗"们的护身符。

仁义这东西,行之既久,便成为空口号而失去原有的意义了。更糟的是,它已成为作恶者的口头禅了。

庄子学派菲薄仁义,最主要的原因,乃是因它被"大盗"窃去,成为王权的赃品了:

> 圣人不死,大盗不止。虽然借重圣人来安定天下,却大大增加了盗跖的利益。制定斗斛来量东西,就连斗斛也一起窃取了;设计天秤来称东西,就连天秤也一起窃取了;做成印章来互相取信,就连印章也一起窃取了;提倡仁义来矫正行为,就连仁义也一起窃取了。怎么知道是这样的呢?那窃取带钩的就被刑诛,窃取国家的反成诸侯,诸侯的门里,就有了仁义。(《胠箧》)

"圣人不死,大盗不止"中隐含着两个意义:

一、圣人"蹩躠为仁,踶跂为义",汲汲于用仁义绳人,遂激起人的反感,而祸乱滋生。因此,只要"圣人"存在一天,大盗便永无终止之日。

二、"圣人"和"大盗"乃名异而实同。他们假借"仁义"的美名,以粉饰谎言,掩藏丑行。所以说,"窃国者为诸侯,诸侯之门而仁义存焉"。

这是一项沉痛的透视,同时,也确切勾画出当时社会背景的真情实况。

五、理想人物

在庄子眼中,世俗人群之外,世间还有几类特殊之士:

思想犀利，行为高尚，超脱世俗，言论不满，表现得很高傲；这是山林隐士、愤世的人、孤高寂寞者、怀才不遇者所喜好的。谈说仁义忠信，恭俭推让，洁好修身而已；这是平时治世之士、实施教育的人、讲学设教者所喜好的。谈论大功，建立大名，维护君臣的秩序，匡正上下的关系，讲求治道而已；这是朝廷之士、尊君强国的人、开拓疆土建功者所喜好的。隐逸山泽，栖身旷野，钓鱼闲居，无为自在罢了；这是优游江海之士、避离世事的人、闲暇幽隐者所喜好的。吹嘘呼吸，吞吐空气，像老熊吊颈飞鸟展翅，为了延长寿命而已；这是导引养形的人、彭祖高寿者所喜好的。(《刻意》)

上面列举的五种人，也可说略道尽世间的品流。而庄子却另外创构了一种理想人物，有时称他们为至人，有时称为真人，又有时称为天人或神人，不一其名。

《逍遥游》内说到这种理想人物，能够顺着自然的规律，以游于变化之途。庄子运用浪漫的手法，将这类人描绘得有声有色：

藐姑射之山，有神人居焉，肌肤若冰雪，绰约若处子。不食五谷，吸风饮露。乘云气，御飞龙，而游乎四海之外。

庄子以文学式的幻想，把姑射之山的神人构绘得有若天境中的仙子。在这里，有几点值得我们注意：这是浪漫幻想的驰骋，绝非神仙家之言；而庄子的用意在于打破形骸的拘囚，以使思想不为血肉之躯所困；至于"游乎四海之外"是精神上的升越作用，和《天下》篇的"与天地精神往来"具有同样的意义。

在不受外界物质条件约束的意义下，庄子在《齐物论》上这样描写：

> 至人神矣！大泽焚而不热，河汉冱而不能寒，疾雷破山
> 风振海而不能惊。若然者，乘云气，骑日月，而游乎四海
> 之外。

庄子这种笔法在当时是很新鲜的，在表达辞意和开拓境界方面，都富有独创性。

神人的面貌，极具形相之美。可是到了《德充符》，庄子却笔锋回转，把德行充实者的形相装扮得丑陋之至。好像粉墨登台的丑角一般，接连出现了三个跛子，然后是一个丑貌的人和一个拐脚、驼背而缺嘴的人，最后是一个颈项长着大如盆的瘤瘿者。庄子为什么要把他们勾画得这般奇形怪状呢？原来，他想借此以说明"德有所长，而形有所忘"。在破除人们重视外在形骸这观念上，庄子虽然描绘得矫枉过正，可是他的用意并不难体会，因为他一心一意要强调须以内在德行来感化他人。

《德充符》中这些四体不全的人，虽然"无人君之位以济乎人之死，无聚禄以望人之腹，又以恶骇天下"，可是这些人却有一股强烈的道德力量吸引着大家。形体丑而心灵美，便是庄子所创造的一种独特的理想人物。

庄子运用他那丰富的想象力，在《德充符》内做了一番奇异的写照外，又在《大宗师》给"真人"换上一副面貌：

> 什么叫做真人呢？古时候的真人，不违逆微少，不自恃
> 成功，不谋谟事情；若是这样，便没有得失之感，过了时机而
> 不失悔，顺利得当而不自得。像这样子，登高不发抖，下水不

觉湿,入火不觉热。这就是知识能到达与道相合的境界。古时候的真人,睡觉时不做梦,醒来时不忧愁,饮食不求精美,呼吸来得深沉。

古时候的真人,不贪生,不怕死,泰然而处;无拘无束地去,无拘无束来,不过如此而已。不忘记他自己的来源,也不追求他自己的归宿,顺乎始终的自然⋯⋯

像这样子,他心里忘记了一切,他的容貌静寂安闲,他的额头宽大恢宏;冷肃得像秋天一样,温暖得像春天一样,一喜一怒如同四时运行一样的自然,对于任何事物都适宜,但也无法测知他的底蕴。

古时候的真人,样子巍峨而不畏缩,性情谦和而不自卑;介然不群并非坚执,心志开阔而不浮华;舒畅自适好像很喜欢,为人处世好像不得已;内心湛然而面色和蔼可亲,德行宽厚而令人归依;严肃不骄,高迈于俗,沉默不语好像封闭了感觉,不用心机好像忘了要说的话。(憨山《庄子内篇注》)

庄子将真人的心态、生活、容貌、性情各方面,给了我们一个基本轮廓。这种真人"虽超世而未尝越世,虽同人而不群于人"。至于另外一些神奇的描写,譬如说真人"登高不栗,入水不濡,入火不热",无非是强调他不受外界任何的影响而能把握自我罢了!

把握自我即意味着不受外在因素或物质条件的左右;不计较利害、得失、生死,这样的胸怀,确实需要有真知的熏陶,正所谓"有真人,而后有真知"。

六、肯定真知

许多学者以为庄子是否定知识的,但这只是皮相之见。

庄子在《养生主》内,说了一句众所周知的话,引起了普遍的误解。他说:

> 吾生也有涯,而知也无涯,以有涯随无涯,殆已!(《养生主》)

的确,"我们的生命是有限的,而知识是无穷的"。这是没有人怀疑的事实。庄子再提出警惕,如果"以有限的生命去追求无穷的知识,就会弄得疲困不堪了"。庄子由于对人类的认知能力与知识范围,作了一番深彻的检讨与反省,因此提出了这样的警惕。再看《秋水》篇,庄子对于这观点有更清楚的引申:

> 计算人所知道的,总比不上他所不知道的;人有生命的时间,总比不上他没有生命的时间;以极其有限的生命去追求无穷的知识领域,必然会茫然而无所得。

庄子对于生命的限度和知识的范围作了一番审查,认为以有限的生命力去追求无穷的知识范围,是人类能力所无法达到的。若在能力以外的地方去挖空心思,必然会茫然而无所得。这也正是庄子提醒人们"以有涯随无涯,殆已"的原因了。

由于知识是浩瀚无边的,而人类的生命和认知能力却有限。因而,庄子认为,这认识或许对于匆促的人心是颇有益处的:当知识的探求已超出极限范围以外,便应适可而止;而对于我们能力所不能达到的事物,亦应安于无知。所以,庄子说:"知,止乎其所不能知,至矣!"(《庚桑楚》)。如果我们了解英国哲学家洛克也是致力于划分人类理解力的能限,我们就更能深一层体会庄子的用意了。

《庄子》书中确有反对"知"的言论,然而他所反对的,乃是世俗之知,是"小知"。据我的分析,不外乎下列几种情形:

一、世俗之知不过是适时应世的口耳之学。

二、世俗之知多属感觉之知。这一类的"知"可开扩欲的范围与满足欲的需求,然而也仅止于取足一身口体之养。

三、智巧之知为启争之端,宜加以摈弃。庄子所谓:"知出乎争……知也者,争之器也。"(《人间世》)"智"往往成为人们互相争辩的工具,用来夸耀自己。

四、"小知"只是片面的认识,往往偏执一端,拘于一隅而自以为是,所谓"是其所非,而非其所是"(《齐物论》),各以所见为知,各以所守为是,这一切都是主观意念与成见所造成的。

"小知"的形成乃由于"拘于虚"、"笃于时"、"束于教"(《秋水》)——受空间的拘囿、时间的范限以及礼教的束缚——所致,所以是一种封闭性的见识而已。《秋水》篇中,庄子还借一个寓言,讥讽这类小知小见者:

> 你没有听到浅井虾蟆的故事吗?这虾蟆对东海的大鳖说:"我快乐极了!我出来在井栏杆上跳跃,回去在破砖边上休息;在水里游的时候,水就浮起我的臂腋、支撑着我的两腮;踏在泥里的时候,泥就掩盖着我的脚背。回顾井中的赤虫、螃蟹与蝌蚪,都不如我这般地逍遥自在。况且我独据一池井水,跳跃其间,真是快乐到极点了。先生,你何不常进来

观赏观赏呢!”

东海的鳖左脚还没有跨进去,右膝已经被拘束了。于是乃从容地退却,把大海的情形告诉它:“千里路的遥远,不足以形容它的大;八千尺的高度,不足以量尽它的深。禹的时代,十年当中有九年水灾,然而海里的水并不增加;汤的时代,八年当中有七年旱灾,然而海边的水并不减退。不因为时间的长短而改变,不由于雨量的多少而增减,这也是在东海的大快乐啊!”

浅井里的虾蟆听了惊慌失措,茫然自失。

河伯的“欣然自喜”和井底虾蟆的“跨跱埳井之乐”,写尽了小知小见的固蔽,一旦见到“大方之家”的真知灼见,便豁然开通。由此可知,庄子并非要贬抑知识或抹杀智慧:

一、任何一种物象,从不同的角度去观察,会得出不同的印象;你从这面看就看不见另一面,他从另一面看就看不见这面,有因而认为是的,就有因而认为非的,有因而认为非的,就有因而认为是的。所以,事物因对待而产生了是非,同时,人总认为自己“是”而别人“非”,因而坚持己见,争论不休。事实上若能互相易地而观,则是非争论自然消失。唯怀有真知才能从事物的整体性着眼,并从每个角度作全面观察。所以,真知乃能“照破”是非对待,而达成全体的观照与全面的透视。

二、真知不拘限于形迹。这观点见于《秋水》篇河伯和海若的寓言中:

河神说:“世俗的议论者都说:‘最精细的东西是没有形

体的,最广大的东西是没有外围的。'这是真实的情况吗?"

北海神说:"从小的观点去看大的部位,是看不到全面的,从大的观点去看小的部位,是看不分明的。'精'是微小中最微小的;'垺'是广大中最广大的;大小各有不同的方便,这是情势如此。所谓精小粗大,乃是限于有形迹的东西;至于没有形迹的东西,便是数量都不能再分了;没有外围的东西,便是数量也不能穷尽了。可以用语言议论的,乃是粗大的事物;可以用心意传达的,乃是精细的事物;至于语言所不能议论,心意所不能传达的,那就不局限于精细粗大了。"

知识的领域不局限于有形世界,所以思想角度不宜拘于物相、役于语言。

三、人要了解知识的对象,知识的性质;了解人在宇宙中所处的地位;了解知识所能达到的范围,如超出此范围,便应安于无知。

四、了解物物之间的对待关系,并要超出事物的对立性而体味和谐之美。

五、扩大人类对于自然界的信念与信心。注意天(自然)人之间的关系:取消人和自然的对立,而与自然相和谐。人为自然的一部分——自然如同大我,个人如同小我,在本质上是如一的。所以,人生活在大自然的怀抱内,应取法乎自然——人类的行为与行事都应合乎天然的运行,一切顺其自然无为。

七、自然无为

庄子提出"自然无为"思想是有其时代背景的。当时,社会已经到达了"纷然淆乱"的情景,各类政治人物都在嚣嚣竞逐,结果弄得"天下瘁瘁焉人苦其性"。庄子洞察这祸乱的根源之后,就认为凡事若能顺其自然,不强行妄为,社会自然能趋于安定。所以,庄子"自然无为"的主张,是鉴于过度的人为(伪)所引起的。在庄子看来,举凡严刑峻法、功名利禄、知巧机变,都是扭曲自然的人性,扼杀自发的个性。

在庄子看来,凡事都要能适其性,不要揠苗助长,"凫胫虽短,续之则忧;鹤胫虽长,断之则悲。故性长非所断,性短非所续"(《骈拇》)。任何"钩绳规矩"的使用,都像是"络马首,穿牛鼻",均为"削其性者",正如《马蹄》篇上描述的:

> 马,蹄可以践霜雪,毛可以御风寒,龁草饮水,翘足而陆,此马之真性也。虽有义台路寝,无所用之。及至伯乐曰:"我善治马。"烧之,剔之,刻之,雒之,连之以羁絷,编之以皂栈,马之死者十二三矣;饥之,渴之,驰之,骤之,整之,齐之,前有橛饰之患,后有鞭筴之威,而马之死者过半矣。

"橛饰之患",乃为造成苦痛与纷扰之源;凡是不顺乎人性而强以制度者亦然。

这一观点同样可以推广到政治层面上。统治者不要自订法律来制裁人民,这样去"治天下"就如同"蚊子负山",是不能成功的。因此,一切要任其自然,不要使用手段来压制人民。"鸟儿尚且知道高飞以躲避网和箭的伤害,老鼠尚且知道深藏在社坛底下,以避开烟熏铲掘的祸害,难道人民无知到还不如这两种虫子吗?"(《应帝王》)所以,在《应帝王》中,庄子认为,若能"顺应事物变化的自然,不要用自己的私心,天下就可以治理好了"。——这也是"自然无为"的旨意。

于此可知,"无为"即是指,掌握权力的治者不要将自己的意欲强加于人民身上。否则,用心虽善,也会像鲁侯养鸟一样适得其反:

> 从前有只海鸟飞落在鲁国的郊外,鲁侯把它迎进太庙,送酒给它饮,奏九韶的音乐使它乐,宰牛羊喂它。海鸟目眩心悲,不敢吃一块肉,不敢饮一杯酒,三天就死了。这是用养人的方法去养鸟,不是用养鸟的方法去养鸟。……所以先圣了解人的个别性。(《至乐》)

在《应帝王》的篇末,有一个含义深远的寓言,这便是著名的"凿浑沌":

> 南海的帝王名叫儵,北海的帝王名叫忽,中央的帝王名叫浑沌。儵和忽常到浑沌的国境里相会,浑沌待他们很好。儵和忽商量报答浑沌的美意,说:"人都有七窍,用来看、听、饮食、呼吸,唯独他没有,我们试着替他凿七窍。"一天凿一窍,到了第七天,浑沌就死了。

"浑沌"是代表着质朴、纯真的一面。庄子目击春秋战国时代,国事纷乱,弄得国破人亡,都是由于统治阶层的繁扰政策所导致。庄子这一寓言,对于当世是一个真实的写照,对于后代则是澄明的镜子。对照着这粉饰雕琢的当今世界,这寓言尤其具有特殊意义。

归结地说,庄子的"自然"乃喻示着人性的自由伸展与人格的充分发展,不受任何外在力量的强制压缩或约束,如此,才能培养一个健全的自我。然而,自我的个性与意欲却不能过分伸张,如若影响到他人的行动或活动范围时,便容易构成胁迫、侵占乃至并吞的现象。至此,乃有"无为"思想出现。"无为"即是唤醒人们不要以一己的意欲强行施诸他人,这样才能维持一种均衡的人际关系。在这关系中,人与人之间的存在地位是并列的,不是臣服的。如此,每个人都可发挥自己的意志和创造力,而做到真实的存在;另一方面,人人都能承认并尊重他人的个性与地位。在这样的社群关系中,个人既可得到充分发展,又可群聚而居。

庄子"自然无为"的观念,负面的意义是因过度的虚伪、造作所引起,正面的意义则是他察照自然界中的现象后所引发的,因为他发现自然界中,四时运行,万物滋生,一切都在静默中进行。大自然的宁静优美,实可医治及粉饰虚伪的人事所带来的烦嚣混乱。因此,"自然无为"的观念,可说是由广大的自然之美孕育而成的。

八、自然之美

庄子实为一位自然哲学家。他的哲学观念乃放眼于广大的自然界,不似儒家仅局限于人事界。

西方亦有很多自然哲学家,然而,基本的精神和观点则和庄子有很大的不同。希腊人往往把自然界看成无意义的物质世界;中世纪更视之为实现人性虚荣欲望的活动场所,因而把它当作罪恶之域;及于近代,则把自然界看为一数理秩序、物理秩序的中立世界,并排除一切真善美的价值,视之为非价值的领域。

西方的自然哲学,以客观世界为对象,将人类置于卑微的地位。尤其是早期希腊哲学思想,均不出自然的范围,那些哲学家所注意的是外在的世界,并持科学的态度加以剖析了解。至于人类,则仅被视为自然的一部分,因而,人类生命的活动及价值便被忽略不谈了。庄子的自然哲学则不然,他以人类为本位,并将生命价值灌注于外在自然,同时,复将外在自然点化而为艺术的世界。由是,在庄子的哲学中,人与自然的关系,不似西方常处于对立的"分割"状态,而是融成一个和谐的整体世界。

许多西洋哲学家,将自然视为价值中立的世界,更有不少人将自然视为负价值的领域,遂使人和自然的关系处于冲突与斗争中。罗素谈到人类的"三种冲突"时说,"人的天性总是要和什么东西冲突的",并视人的斗争有三种,第一种就是"人和自然的冲突",而斗争胜利便是生存的要件,胜利者往往以征服者的姿态出现,将自然视为一种束缚,为了解除束缚,于是致力去认识它,克服它。西方科学知识与科学技术能够如此发达,大抵可说是这一态度所促成的。

综合来看,西方以往的形而上学家,对于自然均表现出一种超越的观念。他们常在自然之外,幻想另一超自然,以为对立。到了近代,哲学家才借助于科学知识,就自然本身做出剖析。这是属于纯理论系统的建构,而他们和自然接触后的态度,却迥异于庄子。在庄子心目中,广大的自然乃是各种活泼生命的流行境域,自然本身,含藏着至美的价值。所以,庄子不凭空构造一个虚空的超自然,也不将现有的自然视为沉滞的机械秩序。

庄子认为,自然是生我、养我、息我的场所,我们的衣食取之于自然,游乐凭借着自然,阳光空气、春风秋月都是大自然给我们的"无尽藏"宝物。这样的自然实为滋生万物而具慈祥性的mother nature。所以,在庄子心中,人和自然之间根本没有冲突,相反,彼此间表现着和谐的气氛。庄子《齐物论》上的"三籁"中,天籁与地籁相应,地籁与人籁相应——自日月星辰,山河大地以至于人身也是一个大和谐。

庄子的自然观,影响后人很大,这种思想也可说代表了中国人心境上一个显著的特征。后世"游于万化"的艺术精神和"返回自然"的文学呼声,都是在庄子哲学中寻得启示。陶渊明"久在樊笼里,复得返自然"的感慨,亦道出了庄子的心声,同时也表明了人事无异于罗网,唯有自然乃最为赏心悦目的去处。

"山林欤,皋壤欤,使我欣欣然而乐欤!"大自然对于庄子心境的熏染,无疑是很深刻的,再加上他那独特的审美意识,所以在他看来,大自然就是一个美妙的境地,我们根本无需在世外另找桃源。他深爱这个自然世界,因而对它采取同情与观赏的态度。

自然是美的。在庄子眼中,自然之美含藏着内在生命及其活泼之生机,它孕育万物,欣欣向荣,表现着无限的生意。无怪乎庄子赞叹着:

> 天地有大美而不言,四时有明法而不议,万物有成理而不说。(《知北游》)

自然之美表现于无言,庄子乃由大自然的默察中而引申其无言之美。

九、不辩之辩

战国初期的庄子,正值百家争鸣以及坚白异同之辩最热闹的时候。敏锐的他,把各家争辩时的情形都看在眼底,他描述当时的境况是:

> 大知广博,小知精细;大言气焰凌人,小言则言辩不休。他们睡觉的时候精神错乱,醒来的时候则形体不宁。一旦接触到外界的事物便好恶丛生,整天钩心斗角。有的出语迟缓,有的发言设下圈套,有的用辞机巧严密。他们总是恐怕被别人驳倒,于是内心惶然,小的恐惧是提心吊胆,大的恐惧是惊魂失魄。他们专心窥伺别人的是是非非,一旦发现别人的漏洞,便发言攻击,其出语之快有若飞箭一般;他们不发言的时候,就心藏主见,如固守城堡一样,默默不语以等待致胜的机会。他们工于心计,天真的本性就日渐消失,如同秋冬的肃杀之气;他们沉溺在所作所为之中,一往而不可复返。他们故步自封,被无厌的欲求所蔽塞。于是心地麻木,没有办法使他们恢复活泼的生气了。他们时而欣喜,时而愤怒,时而悲哀,时而欢乐,时而忧虑,时而嗟叹,时而反复,时而惊惧,时而浮躁放纵,时而张狂作态。(《齐物论》)

庄子把当时各家争论时的心理状态与行为情态,描绘得淋漓尽致。我们可以想象得到,当时的文化论战,大家辩争得鼓睛暴眼的样子。庄子这一描绘,倒是击中了世界各地派别相争时的景象。

各家为什么会这样"纷然淆乱"地争辩呢?在庄子看来,就是由于"成心"。这是由一时一地的自我主观因素所促成。促成之后,人人就拘执己见,偏于一隅;最后浮词相向,便演成口辩。在这里,庄子找出儒墨两家作为代表,以"不谴是非"的态度,而行谴责之实:

> 道是怎样被隐蔽而有真伪呢?言论是怎样被隐蔽而有是非呢?"道"是无往而不存的,言论是超出是非的,"道"是被小的成就隐蔽了,言论是被浮华言词所隐蔽了,所以才有儒家墨家的是非争辩。双方都自以为是,以对方为非。对方所认为"是"的,就说成"非";对方所认为"非"的,就说成"是"。(《齐物论》)

"小成"的人,拘泥于片面的认识。于是,双方相互指责,每个人都自以为是,排斥异己,因此卷入纷争之中,其争愈久,其纷愈不可解。

在争论之中,各家都劳动心思去求其齐,而不知道他们所争的东西根本都是一样的。这就好像《齐物论》中养猴子的老人,分橡子给猴子吃:"早晨给你们三升,晚上给你们四升。"猴子听了都发起怒来。狙公又说:"那么,早晨给你们四升,晚上给你们三升吧。"猴子听了都高兴起来。名和实都没有变,只是利用猴子的喜怒情绪,顺着它们的所好而已。

这些争辩不休的学者,就像争着"朝三暮四"还是"朝四暮三"的猴子一样,其实"名"和"实"并没有因争论而改变,大家只是各持主见来作为认识的标准而已。因此,在庄子看来,这些争

辩中,胜者未必就是对的,败者亦未必就是错。这样的争辩从何判定是非呢?所以,他说:

> 假使我和你辩论,你胜了我,我没有胜你,你果然对吗?我果然错吗?我胜了你,你没有胜我,我果然对吗?你果然错吗?是我们两人有一人对一人错呢?还是我们两人都对或者都错呢?我和你都不知道。凡人都有偏见,我们请谁来评判是非?假使请意见和你相同的人来评判,他已经和你相同了,怎么能够评判呢?假使请意见和我相同的人来评判,他已经和我相同了,怎么能够评判呢?假使请意见和你我都不同的人来评判,他已经跟你和我相异了,怎么能够评判呢?假使请意见和你我都相同的人评判,他已经跟你和我相同了,怎么能评判呢?那么,我和你及其他的人都不能评定谁是谁非了。(《齐物论》)

这是中国学术史上一段很精彩的“辩无胜”的说辞。任何人谈问题时都不免掺有主观的意见,主观的意见都不能作为客观的真理。当时学术界这种情形,庄子看得很透彻,各家都在是是非非的旋涡里争吵不休;而这些是非都是在对待中产生的,都是虚幻的。那么,这里留下了一个问题:从哪里建立客观的标准呢?

庄子的回答是:在于“道”。

十、不道之道

老子将“道”提升到中国哲学的最高范畴。庄子更以诗人的笔法形容它可以“终古不贰”,能够“不生不死”,使得后代无数读书人一碰上它,思考就模糊起来,像跌进一片浑沌之中。

(一)否定神造说

"道"是中国文化的特产,一如"上帝"为西洋文化的特产,它们有异曲同工之妙。每当那些思想家遇上任何解决不了的问题时,都一股脑儿往里推。然而,"道"和"上帝"这两者在性质上却有很大的分别,"道"没有了"上帝"那种宗教或神话意味。

西洋宗教或神话解释宇宙,是在现象之上去寻找原因。庄子则不然,他以自然界本身来说明世界,他认为自然界的一切变化,都是它自身的原因,即所谓"天地固有常矣,日月固有明矣!"(《天道》)这个"固"字,便说明了"本来如此",而不是外来的因素。《知北游》也说到:"天不得不高,地不得不广,日月不得不行,万物不得不昌,此其道与!"所谓"不得不",乃属必然之事。庄子十分强调万物的"自化",他全然否定有什么神或上帝来支配自然界。

在庄子看来,自然界的各种现象都是"咸其自取"的。《齐物论》内,庄子用长风鼓万窍所发出的各种声音,来说明它们是完全出于自然的:"夫吹万不同,而使其自己也,咸其自取,怒者其谁耶?"这是说风吹过万种窍孔发出了各种不同的声音,这些声音之所以千差万别,乃是由于各个孔窍的自然状态所产生,主使它们发声的还有谁呢? 这里的"自取"、"自己"不都表明了无需另一个发动者吗? "六合之外,圣人存而不论。"(《齐物论》)这态度岂不更显明吗?《庄子》一书中,完全没有关于神造宇宙的寓言,也找不出一些祠祀祈祷的仪式或迷信,更没有丝毫由神鬼来掌管死生的说辞。由此可知,有些学者将"道"视如宇宙的"主宰",或予以神学的解释是不妥的。

"道"具有形而上学的意义,它是天地万物的"总原理",并且无所不在,超越了时空,又超越了认识。《大宗师》内曾说:"道"弥漫于天地间,要说有神,神是从它生出来的,天地也是它生出来的。既然说它真实地存在着,却又说它没有形状;既然没有形状,感官便无法把捉得了。这正如《知北游》中所说的:"道不可闻,闻而非也;道不可见,见而非也;道不可言,言而非也。"如此,"道"便成为恍惚而无从捉摸之物。虽说老庄的"道"可以解释为万物的根源、法则或动力,然而它是不可靠感觉捉摸,又无法用理智推想的。这类具有诗意的语言,在哲学史上的意义,乃在于宇宙的起源及其现象。它扬弃了神话的笼罩,而以抽象的思索去解释。庄子的解答虽然不一定正确,但对追寻问题仍是有重大意义的。

这古老的哲学概念,在现代人看来,表现了淳朴社会中的一种朴素思想:企图以一元的答案来解决多元的现象。

(二)狙公的手法

若从认识论的观点来看庄子的道,则有如"狙公的手法"。我们且看看庄子的手法:

首先,庄子指出外界的纷乱骚扰,莫不卷入价值的纠葛中,这都是因成见、短视以及褊狭的主观因素所造成的。于此,庄子指出一切主观的认识,都只能产生相对的价值,而由于价值都是相对的,所以,他便进一步否决绝对价值的存在。这里就留着一个重要的问题:如何重建认识标准? 如何重整价值根源?

然而,巧妙的是,庄子指出现象界的相对价值以后,却不立刻处理问题,而是隐遁到另一个范畴——"道"——上,并优游于其间,忘却现象界一切无谓的对峙。在《齐物论》内,庄子就说到:各有各的是非,消除是非的互相对立,这就是道的要领了。了解"道"的理论以后,就像抓住了圆环的中心一样,可以应付无穷的变化了。事实上,如何应付"无穷的变化"呢? 庄子没有说明,亦没有提供一个固定的方法,以免流于执著。那么,庄子认为用来消除是非对立的"道",仅仅是个空托的概念吗? 由于他批评各家所见乃"小成",而未及认识"道"的全貌,可知他的"道"为"整全"的概念。不过,他亦只是以概念上的"整全"来批判或否定各家的所成罢了!

(三)美的观照

我们进一步考察,可以看出,庄子将老子所提出的"道",由本体的系统转化为价值的原理,而后落实到生活的层面上,以显示出它所表现的高超的精神。

首先,我们应知道庄子的"道",并非陈述事理的语言,乃是表达心灵境界的语言。由这语言的性质,我们可进一步地了解,他的"道"若从文学或美学的观点去体认,则更能捕捉到它的真义。庄子说过,道是"有情有信","可传而不可受,可得而不可见"的。"情"、"信"、"传"、"得"乃属感受之内的事,感受是一种情意的活动,而这情意的活动,为庄子提升到一种美的观照的领域。

从某个角度看来,庄子的道并非玄之又玄而不可理喻的。庄子虽然有形而上学的冲动,但远比老子要淡漠,并且处处为下界留余地。如果将"道"落实到真实世界时,它便是表现在生活上的一种高超技术,如"庖丁解牛"。庖丁动作干脆利落,文惠君见了也不禁脱口赞叹:"嘻!善哉!技盖至此乎?"庖丁回答说:"臣之所好者道也,进乎技矣!"宰牛原是一件极费力而吃重的工作,常人做来不免咬牙切齿,声色俱厉,可是技术已登峰造极,达到道的境界的庖丁,执刀在手却神采奕然,每一动作莫不合乎音乐的节拍,看来如入画中。

这样神乎其技的事例很多,如《达生》篇中的一则云:

> 仲尼适楚,出于林中,见痀偻承蜩,犹掇之也。
>
> 仲尼曰:"子巧乎!有道邪?"
>
> 曰:"我有道也。五六月累丸二而不坠,则失者锱铢;累三而不坠,则失者十一;累五而不坠,犹掇之也。吾处身也,若厥株拘;吾执臂也,若槁木之枝;虽天地之大,万物之多,而唯蜩翼之知。吾不反不侧,不以万物易蜩之翼,何为而不得!"
>
> 孔子顾谓弟子曰:"用志不分,乃凝于神,其痀偻丈人之谓乎!"

在《知北游》上,又出现同一性质的故事,云:

> 大马之捶钩者,年八十矣,而不失豪芒。大马曰:"子巧与?有道与?"
>
> 曰:"臣有守也。臣之年二十而好捶钩,于物无视也,非钩无察也。是用之者,假不用者也,以长得其用,而况乎无不用者乎!物孰不资焉!"

上面这些故事,无非说明当技术臻于圆熟洗练的程度,内心达到聚精会神的境地时,就是庄子所说的"道"了。

由此可知,道非一蹴而就,亦非可以骤然肯定的,而是透过经验或体验的历程所达到的一种境界。

道既非高不可攀,当然可由学而致。于是,庄子告诉我们,道是有方法可循的,得道的方法便是《齐物论》内所说的"隐机"、《人间世》所说的"心斋"和《大宗师》所说的"坐忘"。所谓"隐机"、"心斋"、"坐忘"等功夫,虽然说得玄妙了一些,常人不易体会,但是想来,也不外是着重内在心境的凝聚蓄养。

上面两则神技的故事说明,一个技巧圆熟、精练的人,内心必然已达到"用志不分"的"凝神"境地,而且胸有成竹,悠然自在;表现在行动上,就显得无比的优美,举手投足之间,莫不构成一幅美妙的画面。如此,要呈现庄子"道"的境界,便是艺术形象的表现了。

再从另一个角度来看,也可见出,庄子的"道"乃是对普遍万物所呈现着的一种美的观照。这在著名的"东郭子问道"上显现出来。

> 东郭子问于庄子曰:"所谓道,恶乎在?"
>
> 庄子曰:"无所不在。"
>
> 东郭子曰:"期而后可?"
>
> 庄子曰:"在蝼蚁。"
>
> 曰:"何其下邪?"
>
> 曰:"在稊稗。"
>
> 曰:"何其愈下邪?"
>
> 曰:"在瓦甓。"

曰:"何其愈甚邪?"

曰:"在屎溺。"

东郭子不应。(《知北游》)

被人视为神圣无比的道,竟然充斥于屎溺之间,无怪乎东郭子气得连半句话也不回。事实上,我们应了解,庄子乃是站在宇宙美的立场来观看万物——从动物、植物、矿物而至于废物,即连常人视为多么卑陋的东西,庄子却都能予以美化而灌注以无限的生机。

由这里,我们进一步发现,庄子的精神便是:道遍及万物,不自我封闭,也不以人类自我为中心。这种遍及万物的精神,正是高度的人"道"主义的表现,也是"同一"精神的发挥。

十一、对待与同一

庄子"同一"的观念,乃是由"对待"的观念所引发的。所以,在谈同一的观念以前,先介绍庄子有关对待的看法。

庄子发现世俗世界中,无论是非、大小、贫富、穷达等等观念,都是在特定时空下的相对差别,这些相对的差别只有相对的价值。在《齐物论》中,庄子便有所说明。例如,他说是非完全是相对的:

世界上的事物,没有不因对待而形成的,有"彼"就有"此",有"此"就有"彼"。从"那方面"(彼)去看,就看不到"这方面"(此),反身自比,就能了解清楚。"彼"是出于"此","此"是出于"彼","彼"和"此"是相对而生的;任何东

西有"起"就相对而有"灭",有"灭"就相对而有"起";有
"可"就同时相对产生"不可",有"不可"同时就相对产生
"可"。于是,有因而认为是的,就有因而认为非的;有因而
认为非的,就又有因而认为是的。

在《秋水》篇中,庄子更加详尽地发挥了这观点,认为贵贱、
差别、功能、意趣……都不是绝对的,都是流变不已的。

> 从万物本身来看,万物都自以为贵而互相贱视;从流俗
> 来看,贵贱都由外来而不在自己。从等差上来看,顺着万物
> 大的一面而认为它是大的,那就没有一物不是大的了;顺着
> 万物小的一面而认为它是小的,那就没有一物不是小的了。
> 明白了天地如同一粒小米的道理,明白了毫毛如同一座丘山
> 的道理,就可以看出万物等差的数量了。从功用上来看,顺
> 着万物有的一面而认为它是有的,那就没有一物不是有的
> 了;顺着万物所没有的一面而认为它是没有的,那就没有一
> 物不是没有的了;知道东方和西方的互相对立而不可以缺少
> 任何一个方向,那么就可以确定万物的功用和分量了。从趣
> 向看来,顺着万物对的一面而认为它是对的,那就没有一物
> 不是对的了;顺着万物错的一面而认为它是错的,那就没有
> 一物不是错的了;知道了尧和桀的自以为是而互相菲薄,那
> 么就可以看出万物的趣向和操守了。
> 从前尧和舜因禅让而成为帝,燕王哙和燕相子之却因禅
> 让而绝灭;商汤和周武因争夺而成为王,白公胜却因争夺而
> 灭绝。由这样看来,争夺和禅让的体制,唐尧和夏桀的行为,

哪一种可贵可贱是有时间性的，不可以视为固定不变的道理。

栋梁可以用来冲城，但不可以用来塞小洞，这是说器用的不同；骐骥骅骝等好马，一天能跑一千里，但是捉老鼠还不如狸猫，这是说技术的不同；猫头鹰在夜里能捉跳蚤，明察秋毫，但是大白天瞪着眼睛看不见丘山，这是说性能的不同。常常有人说："何不只取法对的而抛弃错的，取法治理的而抛弃变乱的呢？"这是不明白天地的道理和万物的实情的说法。就像只取法于天而不取法于地，取法于阴而不取法于阳，很明显是行不通的。然而，人们还把这种话说个不停，那不是愚蠢便是故意瞎说了。

帝王的禅让彼此不同，三代的继承各有差别。不投合时代、违逆世俗的，就被称为篡夺的人；投合时代，顺应世俗的，就被称为高义的人。

在庄子看来，现象界里的东西都是随着不同的时间、环境，以及主观的认识而产生不同的价值判断。

这种相对思想推演到最后，就认为一切事物之间的分别是不必要的。于是，庄子由数量差别的观点，进入万有性质齐同的观点，即所谓："天地与我并生，万物与我为一。"

这多少有点诡辩的成分，加上文学的想象力和艺术精神的点化，因而庄子产生了"同一"（identification）思想。这同一的思想隐含着几个重要的意义：

一、破除我执。为了打破唯我独尊的态度，为了消除自私的成见，庄子提出"丧我"这名词。"丧我"并不是要消失自我，而是要去掉个人的执著,并以同情的态度认识他人与他物。这意味着:一方面站在他人与他物的立场以照见自己的褊狭;另一方面需自我觉悟与内省,再进一步去除自我的偏执,如是才能"道通为'一',莫若以'明'"。"明"为无所偏执去观察,"一"即圆融和谐的境界。

二、以无所偏的心境与同情的态度来观看事物,才不至于偏私固蔽而以自我为中心。

> 人睡在潮湿的地方,就会患腰痛或半身不遂,泥鳅也会这样吗?人爬上高树就会惊惧不安,猿猴也会这样吗?这三种动物到底谁的生活习惯才合标准呢?人吃肉类,麋鹿吃草,蜈蚣喜欢吃小蛇,猫头鹰和乌鸦却喜欢吃老鼠,这四种动物,到底谁的口味才合标准呢?猵狙和雌猴作配偶,麋和鹿交合,泥鳅和鱼相交。毛嫱和丽姬是世人认为最美的;但是,鱼见了就要深深地钻进水底,鸟见了就要飞入高空,麋鹿见了就要奔走不顾;对这四种动物来说,究竟哪一种美色才算最高标准呢?(《齐物论》)

不同类虽然不能相比较,可是这里却表明了庄子的"民胞物与"精神。儒家虽亦有这种心怀,然其着眼点仍以人事为主,不如庄子之开豁,能放眼于更广大的世界。"天无私覆,地无私载"(《大宗师》),在天地之间,也显示众生平等。

三、人间世的价值,俱在对待的关系之中,庄子则超越了人间世的对待,而不受其束缚,且将对待关系的封闭系统转化为无穷系统。这便是庄子的特殊精神。惠子的"泛爱万物,天地一体也"、"其大无外谓之大一,其小无内谓之小一"之说,和庄子的说法相契;然而,惠子着重数量观点,而庄子则就万有性质观点以成就其无穷系统。

四、庄子的"同一"世界,实为艺术精神所笼罩。庄子透过艺术的心灵,将自我的情意投射于外在世界,以与外物相互交感,产生和谐的同情。

由于同情和谐的心境,所以,自我生命以破藩决篱之势投射出去时,虽笼罩万物其他生命,然而此精神并不为天下宰,而是予天下万物以充分不羁的精神自由。

终结篇

庄子思想的评价

在一个动荡喧嚣的环境中,庄子的思想映射出一片宁静的光辉。

在那乱哄哄的时代里,人民都处于倒悬状态,庄子极欲解除人心的困惫,可是,现实的无望却使他无法实现心愿。由于他既无法使人类在现实世界中安顿自我,又不愿像神学家们在逃遁的精神情状中求自我麻醉。在这种情形下,唯一的路,便是回归于内在的生活——向内在的人格世界开拓出新境界。庄子所拓展的内在人格世界,乃艺术性及非道德性的("人格"一词不含伦理判断或道德价值)。因而,在他的世界中,没有禁忌,没有禁地;他扬弃一切传统的形式化,遗弃一切信仰的执迷。

在现实生活中,无一不是互相牵制、互相搅扰的,庄子则试图化除现实生活上种种牵制搅扰,以求获得身心的极大自由。化除的方法之一,即是要虚静其心——通过高度的反省过程,达到心灵虚静,能掌握自身的变化,并洞悉外在的变动,而不拘执于某一特殊的机遇或固定的目的,因为外在世界是"无动而不变,无时而不移"的,同时人类本身也受情意的驱使而在万物变化之流中奔走追逐,不能中止,直至形体耗损殆尽,仍属空无所持,这真是人生莫大的悲哀。

面对这样可悲的现象,庄子乃转而对内作一番自觉的工作。在自觉过程中,庄子了悟感觉世界的幻灭无常,于是认定,驰心于外物对于人类的精神实是莫大的困扰;由是导出庄子哲学之轻视物欲的奔逐,而倾向精神的自由,并求个人心灵的安宁。

庄子对于现象界有深刻尖锐的洞察力。他是个绝顶聪明的人,把一切都看得太透彻了。如茫茫人海,各人也浑浑噩噩像乌龟似的爬来爬去,忙忙碌碌像耗子似的东奔西窜,然而,每个人都不知道自己忙了些什么,为得着什么。一旦省悟时,便会觉得自己所作所为是如此的莫名其妙……看开了,一切都不过如此罢了,于是你就会不屑于任何事物,任何行动。然而,这样的社群会产生怎样的结果呢?如果每个人都像庄子笔下的南郭子綦"隐机而坐",进入到"答焉似丧其耦"的境况,那么,个人和社会岂不近于静止?因而,庄子哲学如何处理及适应这情况,便成为一个严重的问题了,尤其是今日的世界——已被纳入了一个庞大的动力系统中,缓步或停足都有被抛弃的危险。

然而,我们必须了解,庄子绝不是不食人间烟火的行道者,也非逃离现实生命的乌托邦理想人。他的见解是基于人类无止境的餍欲与物化的倾向所引发出来的;同时,他鉴于个人的独存性已消失与被吞噬,遂于洞察人类的处境中安排自我的适性生活。没有这种感受的人,自然无法体会庄子。因而,庄子哲学对于读者来说,能感受多少,他的可接受性就有多少;他的看法是无法得到大众一致公认的,同样的一句话,有人会视如智慧之言,有人会以为是无稽之谈。事实上,庄子的哲学不是写给群众看的,庄子的话语也不是说给群众听的,他的声音有如来自高山空谷。

读庄子书确有登泰山而小天下的感觉。在他眼底里,凡夫俗子就如一窝吱吱喳喳、跳跳跃跃的小麻雀,官僚是一群猪猡,文人学士则有如争吵不休的猴子。看他书中大鹏小鸟的比喻、河伯海若的对话,以及井底虾蟆的设喻,你会觉得他简直是千古一傲人,在人类历史的时空中,孤鸿远影,"独与天地精神往来"。

从庄子哲学的恢宏气象看来,他也确是"前无古人,后无来者"的。他的思想角度,从不拘限于枝枝节节,秋毫之末;但他并不抹杀精细的分析,否则就犯了《秋水》篇中所说的"自大视细者不明"的毛病。他往往从整体处观察事理,从各个角度作面面俱到的透视。

从庄子哲学的语境来说,恢宏的气象乃表现于不以人类为中心(不拘限于人类),不以自我为中心(不拘限于自我),而能推及于广大的自然界。庄子思想的最高境界是"天地与我并生,万物与我为一",一方面表现出民胞物与的胸怀,另一方面又呈现着艺术精神的和谐观照。很显然,庄子取消了天地万物和我——客观和主体——的对立关系。这种主客一体的宇宙观,实为中国哲学的一大特点,和西方哲学主客对立的宇宙观迥然不同。庄子不仅要打破主客对峙的局面,进而达到二而合一的境界,还要进一步达致物我(主客)两忘的境界。在这里,庄子充分表现出大艺术家的精神。

主客合一的宇宙观,只是对自然做某种程度的观赏,而缺乏开发自然界的精神。中国在科学知识与科学技术方面的贫乏,固然受到这种宇宙观的重大影响;正如中华民族在文学艺术上的辉煌成就,也受到这种宇宙观的重大影响。

现在把上述两种宇宙观,缩限于人和自然及其关系上来讨论。我们先剖解主客对立的宇宙观,借此可反衬出另一观念之特点。

在西方,人在开拓自然的过程中,已有惊人的成就,这是值得骄傲的,也无须赘言。然而,若从另一个观点来看人和自然的关系,西方则呈现着深沉的危险,尤其是人如何在自然界中安排其地位的问题上。

西方传统哲学大抵为二元的倾向——物我完全对立,自然与人事对峙,亦即划分客体与主体。然而,由于西洋哲学重视客体,往往习惯将人类客体化,结果常使人埋藏于物界而丧失其自然的地位(如希腊宇宙论时期哲学);同时,也有人急急于求永恒客观的存在,把自然界看成一个变动流逝的感觉界而加以鄙弃(如柏拉图);中世纪则更视自然人为罪人,自然界为罪恶之区,而将价值停滞于高远缥缈处。

及于近代,西方经验科学的长足发展产生如下的特殊现象:一、把人类压缩成物理平面(如物质科学);二、把人类列入"动物级数"(如达尔文),或从"鼠"辈的试验解剖中来衡量人类的行为(如行为派心理学);三、天文学家将亚里士多德至中世纪的有限宇宙开展而为无穷宇宙,使人面临这无穷的新世界,有如沧海一粟,渺小的人类固然可借知性作用在宇宙中安排自处,但人类的苦闷不安,则其畏怯与自大的交织下表露无遗。

盖以有限的自我处于无穷的宇宙中,终究不能掩饰其飘摇无定的悲哀,对外则不知何以自处于宇宙中,对内则沦于自我迷失之境况。心理学家告诉人们,人的意识生命是隐藏着的潜意识冲动表现。自我常会显得分裂不统一,人对自身是个谜,并且发现自己没有最后的依靠。他被描述为"疏离的人",或处于疏离的状态。这种状态,使人成为陌生人——对自己感到陌生,对宇宙也感到陌生,陌生的自我无法在陌生的宇宙中寻觅其存在的根由。

总之,西方哲学的宇宙观始终是在一种不协调或割离的情状中影响于人生观。同时,传统西洋哲学家几乎都在全心全意建造大体系,把所有个体融入抽象的全体之中,因而个体的特殊性便被抽象的全体消解和吞噬。反观庄子,他一方面肯定大自然的完美性,不如西方哲学总想逃离这一自然界,而构幻另一虚无缥缈的超自然;同时,庄子也肯定人类的尊严性,而西方哲学却以人性为微末。在庄子看来,广大的自然皆为生命游行的境域,人类处于自然中,其渺小程度虽如"毫末之在于马体"(《秋水》),然其思想光芒则可流布于苍穹。

20 世纪的科学知识,将使人类愈为抽离;20 世纪的科学技术,将使人类更为机械化。它们忽略了人的内在生命。在今日急速的动力生活中,人心惶然不安,精神病患者日增,可以为证。

对于这疯狂的时代,庄子哲学也许有一份清醒的作用,作为调整人心的清凉剂。

第二部分

庄子思想散步

游于尼采与庄子之间

　　2003 年 3 月中下旬,我应邀访问香港城市大学中国文化研究中心。中心主任郑培凯教授与我一起接受了香港电台的访问。本文即为录音记录,略有润饰。

郑:陈教授可否跟大家谈谈研究哲学的经过。

陈:我先是入读台大中文系,然后再转读哲学系,原因是那时看不懂哲学书,完全是出于好奇。大学课程都是以西哲为主,如形上学及宇宙论等,大学快要毕业时,学士论文写洛克(John Locke,1632—1704),当然他在有关政治方面的自由理论影响很大,但当时专业是哲学,所以重点在于知识论方面。学位完成后,我就发现好像没有了自己,直到在研究所读到尼采,才感到一种强烈的生命感,然后从存在主义转读庄子。庄子一直都是褒扬主体生命,但其主旨更在高扬人的生命情怀,提升人的精神境界。尼采与庄子这两位哲学家,都有一个共同点,就是反权威体制,所以十分独特,很有反叛精神。

郑:这大概与当时台湾的文化气氛有关系。我记得读中学时,你写有关存在主义的作品,我们中学生都看。其实,中学生怎会看得懂?但那时大家都感到苦闷,而存在主义好像正好能碰到你灵魂某处。

陈:当人自我迷失和没有方向时,存在主义可以把你心灵深处的东西点燃了。我想起卡夫卡的小说《变形记》,主角忽然变成了一只虫,要赶着上班,却没法出去,充分表现出空间的囚禁感,时间的逼迫感,现实生活的压力感。可是,进入到庄子的世界里,蝴蝶飘然飞舞的那份感觉很不一样。读书也成了重要的精神食粮,不管读的是尼采或庄子,都能内化到生命世界里,有助于安排自己的生活,为生命找到一条出路和通道。

郑:有一点很特别,就是在你研究范畴中,你喜欢的哲学家,好像在文学、艺术想象空间上都是特别宽广的,对美的追求特别强烈。

陈:这是很切合我内心感兴趣的议题。现在的哲学,因为受科学哲学影响甚深,有欠想象力。其实,从柏拉图到庄子,以及尼采,都有丰富的想象力。在美感方面,现代社会都很缺乏庄子所谓"游心"的概念,庄子的"游心"不仅是使人的精神处于宽广适意的情状,更是艺术人格的流露。

一、厘清文化与哲学

郑:儒家也有讲"游于艺",能够让自己飘浮在整个宇宙空间中。可是,大部分人认为的哲学主流都是讲分析哲学和数理逻辑。陈教授研究哲学,当然会触及这方面的问题,尤其大学以后,你与殷海光先生关系较为密切,他一直强调以数理逻辑作为思辨分析的基础。你又是如何看待这些问题?

陈:我想,在哲学领域中,思辨是十分重要的,西方哲学重点在于概念系统的推展和方法学上的训练,这是西方哲学的长处;中国哲学则不同,与文学十分接近。我个人认为,必须先了解先秦诸子的思想环境,当时要解决种种现实的问题,大量的死亡,人类面临一个激荡的情境。因此,先秦诸子除老庄外,其他都是以政论为主,只有老庄,才能带引人走到另一个境界和思想园地。

道家的思想内容和我现实中追求的自由民主是相应的,从老庄中能够寻找古代自由民主的理念,这样可以把现代观念和母体文化结合起来。后来,我提出了"道家主干说",让很多人误会。其实,文化主体仍是儒家,但是哲学和形上思维方式,以及重要的概念范畴和议题还是道家提出的。这引起很大争议。后来,我花了十年时间,重新整理《周易》经传,因为我认为易传的哲学化应渊源于道家,而不是儒家。因为哲学中最重要的是道论,这是源自老子的,孔孟没有这方面的思想;另外,四书都没有谈阴阳,阴阳之说是从老子到庄子;而且"对待"与"流行"的思想和孔孟并不契合,"对待"思想源于老子,"大化流行"来自庄子,是老庄很重要的思维方式。

郑:孔孟主要是道德哲学和政治社会哲学的探索,以伦理学为主的。二十世纪中国知识分子常批评道家的逃避、退隐,以及不负责任的自由。他们从政治哲学出发,认为自由有其责任,有权利就有义务,认为中国式的自由不是真正的自由。我想,这导致道家哲学在二十世纪的中国始终没有被当作正事来讨论;即使有不少讨论,也只是边缘化的,只可跟文学艺术合流。

二、道为世用

陈:一直有个普遍观念认为,"进则为儒家,退则为道家"。事实不然,像道家老子认为社会现实的政治,是建立在宇宙论的基础上。研究哲学,要看当中的哲学进路,道家考虑有关人的问题,是从宇宙的规模来讨论人的存在。譬如说,老子最有名的是"无为",可是他也说"为无为"。"无为"的意思就是不要有主观性和强制性的作为,特别针对统治者而言,有了权力,就不能滥权,所以,不要强作妄为,要自然无为和收敛权力,考虑人性和人情于自然,就是要了解民情。所以,他的"无为",还是"为无为","以百姓心为心"的方式去处理,这样就给人有更大的活动空间。老子又说到"生而不有,为而不恃,长而不宰",套用罗素的说法,就是人生有两种意志,分别是创造的意志和占有的意志,老子赞成的,则是提倡创造的意志,收敛占有的冲动。

郑:士大夫阶级"进则为儒家,退则为道家",其实是把老子的话庸俗化,应用到自己日常生活身上,成为了一种文化生态,可是讨论哲学时,就要抽离这些最现实的考虑。

陈:即使从现实的层面来说,也是很有道理。事实上,老子的思想是很积极,就像尼采和弗洛姆提倡"给与的道德",表现出一种心灵的慷慨。庄子则是一个对生命比较大的抗议分子,好多人以为消极是从他而来,因为他对于儒家很多形式化、僵化的东西批评较激烈。但《庄子》里像鲁侯养鸟、混沌之死、观鱼之乐、庄周梦蝶等故事,都很有启发性,说明了人类不能以自我为中心,以及给予精神空间的重要性,完全契合自由民主思想。推行民主自由,也要考虑别人的处境和要求,从对方的角度来思考,允许多元发展和不同的存在方式,不能只从自己的思考角度出发。

郑:陈教授以前研究洛克,说的是要保护个人权利和财产,都是从现实政治考虑分配权力和义务,以及法律的订立等问题;后来研究的老庄,则是从精神上来说明民主,重要的是让出一个空间。

谈"庄周梦蝶"和"濠上观鱼"的审美意蕴

中国文化不论儒、道、墨、法,都有一个共同点,就是讲人群的"和谐";而各家思想中,当我们遭遇到现实的人生困境时,庄子思想尤其可以提供有力的精神撑持。庄子经常喜欢用寓言故事诉说人生哲理,使读者自去思考,自去体会道理。故以下主要借由《庄子》书中的一些寓言故事,提出庄子对于人如何从困境中脱困,并将问题的根源归结到人心的讨论所给予我们的启发,来说明:庄子在所处的世乱中,他通过"游心于无穷"的逍遥之境,以使人们的精神境界达到无限性的开展;他复借由多边思考的不同视角,以使人们的心灵从封闭而提升到"以明"、"灵府"的开放心境;他更藉由彰显心灵的审美意蕴,以反映人类主体意识的觉醒和生命等时代人文思潮。所以,在庄子所提出的诸多思考中,"相尊相蕴"的齐物精神和多边思考的广大格局,就是根基于开放的心灵与审美的心胸。唯有开放的心灵,才能照见多彩的世界;也唯有审美的胸怀,才能化育出充满和谐之美的有情天地。

一、"游心于无穷"的逍遥之境

如果我们说,老子的学说是贵"柔"(《吕氏春秋·不二篇》如是说),孔子的学说是贵"仁",那么,庄子学说非要用一个字来表达,最适合的那个字该是什么? 我认为庄子的学说是贵"游",就是"逍遥游"的"游"。假如说孔子的学说,用两个字来讲,除了"仁"之外,另一个字是什么? 就是"礼"。"仁"与"礼"是孔子学说中的两大重要支柱,如鸟之双翼、车之二轮。"礼制",包括宗法制、分封制、世袭制,这些制度立基于"尊尊亲亲"的精神。而老子的学说假若要用两个字来代表,那就是"无为";至于庄子的学说如果用两个字来概括,我认为应该是"游心",也就是心在"游"。

在进入主题之前,我们对内篇要做一个考察。我有一位已经过世的同学曾经写过一篇文章,内容主要研究《庄子》内篇的中心思想;他是专门研究康德思想的,他认为内篇的中心思想是"归于零",我看不懂这篇康德式的论文。那么,《庄子》内七篇的中心思想到底为何? 我以为其中最重要的核心,在于"游心"的"心"字。这话怎么说呢? ——古人认为生命有两个重要的部分,一为"形",一为"心"。《逍遥游》所说的不是"形"在逍遥,而是"心"在逍遥。虽然《逍遥游》文中只出现过一次"心",即庄子跟惠子对话的"蓬之心"。庄子说惠子像被蓬草堵塞住了、固执不通的心,也就是现代人说的"茅塞不通";而讲到"逍遥",庄子提及宋荣子和列子御风而行,并说"至人无己,神人无功,圣人无名",说明用功、名所包装的自我,都是外在所给予的;"无己"的那个"己",是用很多外在包装、装饰出来的那个我。所以,"至人无己"的境界究竟如何？即能"游心于无穷"、"御六气之辩"。心能游于无穷，即指心能在更宽广的天地间遨游，此一观念将在"鲲鹏展翅"的故事中提到。

再说到《齐物论》之"众窍为虚"的形象化描写。庄子提到心灵要开阔，不要有成见；有成见就是有"成心"，百家争鸣就是"大知闲闲，小知间间"①。至于谈到大言、小言，以现代媒体为例，我们打开电视，在那些谈话节目中被叫做名嘴的，几乎每一个人都可以把黑的说成白的，白的又说成黑的。其实，在他们说话之前，我们就已经知道他们要说什么了，因为他们是先已经有了固定的成心，然后再说成这个样子的。所以，《齐物论》一开头先讲"成心"，再讲一个封闭的心灵如何提升到"以明"的开放心境，所以，开放的心灵"莫若以明"②，并且形象化地描述"十日并出"譬喻开阔的心胸。

再看《养生主》，主旨在谈"神"，古人认为心有两个很重要的作用：一是神，一是思。所谓"心者，思之官也"，是能思维、思想的官能；思想功能之外，心还发出精神的作用。庄子特别喜欢用"神"来描述心所发挥的作用，《养生主》就是讲心神的作用。"庖丁解牛"中"以

---

① 《齐物论》："大知闲闲，小知间间；大言炎炎，小言詹詹。"

② 《齐物论》："道恶乎隐而有真伪？言恶乎隐而有是非？……道隐于小成，言隐于荣华。故有儒墨之是非，以是其所非而非其所是。欲是其所非而非其所是，则莫若以明。"又曰："彼亦一是非，此亦一是非，果且有彼是乎哉？果且无彼是乎哉？彼是莫得其偶，谓之道枢。枢始得其环中，以应无穷。是亦一无穷，非亦一无穷也。故曰：莫若以明。""是故滑疑之耀，圣人之所鄙也。为是不用而寓诸庸，此之谓'以明'。"庄子举儒墨之互相是非，以说明世人各据其所见以求胜；唯墨者所是，儒者则非焉，故有对待之形者，其是非两立，则其所持之是非非是非也。因此，无心者与物相冥而无对于天下，是为能得道之要也，也即"道枢"，故使群异各安其所安，众人皆不失其所是，则己不用于物而万物之用用矣！物皆自用，则孰是孰非哉！则用虽万殊，历然自明。

神遇,而不以目视,官知止而神欲行",就是讲心神运作的神奇功能。

接着谈《人间世》,庄子借由显著于人世间的诸多矛盾、冲突,譬如知识分子和统治者之间的关系,庄子代表的是"士"阶层,而知识分子和统治者之间的许多矛盾,经常从一种内部矛盾转化而成为敌我矛盾的意识;所以,虽然一些知识分子曾经积极而热情地谏言,但庄子最后归结到统治者是无法被感化的。庄子身处在一个乱世,且一生中经历过昏庸无能和暴虐无道的兄弟两个统治者,所以《人间世》中批评卫君,杀人满沟壑,伴君如伴虎;因此,《人间世》中,所有的谏言,庄子都借着寓言中的孔子而把它一一驳掉,《人间世》还是回到说治身与治国的问题!老子是治国,比较偏重治道①,强调"知雄守雌";至于庄子,则强调治身,他将治道的"无为"转化成为安然适意的生活情境,治身最重要的是治心,所以庄子说"心斋"。《德充符》也和"心"有关,在《德充符》中,庄子经常通过描写肢体残缺,如因刑求而断一个臂、缺一条腿的,来说明处乱世中要借由心之逍遥、精神层面之超越,来达到"安所困苦"的逍遥。所以,庄子也曾说狸狌"东西跳梁,不辟高下;中于机辟,死于网罟"②。然后,《德充符》又讲到一个人不要太重视外在,生命的内涵很重要。《德充符》讲内德要充实,要重视一个内在的人格世界,不要重视外相外表。所以,《德充

---

① 此主要就老子的政治哲学以及"稷下道家"一系而言。

② 《逍遥游》:"子独不见狸狌乎?卑身而伏,以候敖者;东西跳梁,不避高下;中于机辟,死于罔罟。今夫斄牛,其大若垂天之云。此能为大矣,而不能执鼠。今子有大树,患其无用,何不树之于无何有之乡,广莫之野,彷徨乎无为其侧,逍遥乎寝卧其下。不夭斤斧,物无害者,无所可用,安所困苦哉?"

符》讲"灵府"①,心灵虚通才能发挥灵妙的作用——"使之和豫通
而不失于兑,使日夜无隙而与物为春"。就是说,使心神和顺安
乐,舒畅而不失怡悦之情;使心灵日夜不间断地保持天真本性。
所谓"与物为春",就是指自己与人相处保持着春和之气。"与物
为春"的心境正是审美心胸的流露,使心静能如春天般地生意盎
然。接着说《大宗师》,篇旨讲大化流行,讲人如何能够安于所
化。而人之观化、参化、顺化、安化,都与心境有关;再最后《应帝
王》则说至人"用心若镜"②,人的心要能像镜子一样,才能够如实
地反映外在事物的状态。禅宗所谓"心如明镜台"就是从庄子这
里汲取来的,可见"心"是整个内篇的核心概念。而重视"心"正
是重视生命的体现。

二、"积厚"与"化"

现在我从庄子《逍遥游》开篇第一个"鲲鹏展翅"的寓言
说起:

> 北冥有鱼,其名为鲲。鲲之大,不知其几千里也。化而
> 为鸟,其名为鹏。鹏之背,不知其几千里也;怒而飞,其翼若
> 垂天之云。是鸟也,海运则将徙于南冥。南冥者,天池也。

庄子借着变形的鲲鹏以突破一个物质形象的羁锁。我们所
生活的世界,就是一个物质形象的世界,我们常被物质形象所困

---

① 《德充符》:"死生存亡、穷达贫富、贤与不肖、毁誉、饥渴、寒暑,是事之变,命之行
也。日夜相代乎前,而知不能规乎其始者也。故不足以滑和,不可入于灵府。使
之和豫而不失于兑,便日夜无隙而与物为春,是接而生时于心者也。"
② 《应帝王》:"至人之用心若镜,不将不迎,应而不藏,故能胜物而不伤。"

住、羁锁。庄子借变形的鲲鹏来突破物质形象的羁络,展示着这个宇宙是无限无穷的,让我们打开一个宽广的天地。我有一个在芝加哥大学研究物理学的朋友,他要讲一个题目叫做《无限无穷之谜》,他从科学的角度对庄子有兴趣,他问我庄子是不是讲"无穷"。我说是。在中国思想史上,第一个认识到个体的有限性及时空的无穷无限性的就是庄子,庄子打开了一个可以窥看天地宇宙无限性的视窗,我们看鹏鸟飞上去的时候,那"天之苍苍,其正色邪?其远而无所至极邪?其视下也,亦若是则已矣!"就这样看上去,天是没有尽头的,往下看下来也一样无穷尽的,所以他借变形的鲲鹏拉开了一个我们生存的空间,我们是在一个无限性的宇宙里面。我们的精神能够在无限的时空中自由地驰骋。

"鲲"跟"鹏"代表着什么?象征着什么?——尼采曾在他的代表作《查拉图斯特拉如是说》中讲到人的有精神经历三变:最早是"骆驼"的精神,忍辱负重,奔向荒漠,一切不合理的文化、习俗、价值,都必须去承受;但是在荒漠里人慢慢地转化成了"狮子",开始向不合理的传统和现实说"不"了;不过,狮子的精神主要是破坏,这还不够,所以还要第三次转化要成为"婴儿"。因此,人生的历程要由骆驼转化为狮子,又要由狮子转化成为婴儿般。如果我们也借用尼采的"精神三变"来看鲲鹏寓言,那便是要先如"鲲"一般地在海底里深蓄厚养,然后再转化成"鹏",其转变的历程往往是由"量化"再到"质化"。所以,庄子说大鹏之逍遥,其搏扶摇而上者九万里,如果"风之积也不厚,则其负大翼也无力","水之积也不厚,则其负大舟也无力"。积厚之功非常重要,我们为学的过程也是一点一滴在累积,用老子的话说就是

"九层之台,起于累土;千里之行,始于足下",一步一步、一层一层地累积。所以,鲲代表在大海中的深蓄厚养,然后才能转化为鹏;鹏的高层次代表的就是内心,当心灵经过沉静沉寂后,然后转化成为高层次的心灵。也譬如人生,鹏程万里如果没有经过十年寒窗的一点一滴,就不可能转化成大的艺术家、大作家;所以,人生在庄子"鲲鹏寓言"中有两个历程:先要作鲲,深蓄厚养;有了积厚之功,然后才能够化作大鹏起飞!所以,从"鲲鹏寓言"还可以带出第三个思考,就是环境很重要,包括主观的努力。如果没有北海之大,就不能够蓄养这个巨鲲,没有广阔的天空,就不能使鹏逆风飞万里,所谓"海阔凭鱼跃,天空任鸟飞"。如果是在文化沙漠里,就培养不出来鲲、鹏,所以,环境是很重要的;但是,人也要主观地去创造,"风之积也不厚,则其负大翼也无力",要有积厚之功,要待风,能够掌握时机。所以,人生的历程要由鲲而鹏,先经过潜龙勿用,然后飞龙在天。

三、"观点主义"与开放心灵、多边思考

鲲鹏寓言,除了拓展我们的精神空间——"积厚致远"的境界——以外,还表现了庄子世界中非常重要的"视域",即拓展我们的思想——培养我们具有一种开放心灵与多边思考的理念。譬如,在地面上看东西是一种视觉,而在地面以下的海底里是另一种视觉,当飞到高空则又是另一种视野,所以,苏东坡诗云:"横看成岭侧成峰,远近高低各不同。不识庐山真面目,只缘身在此山中。"横的看,侧的看,一排岭一个孤峰,高的看,远的看,近的看,都不一样,这个英文叫做 perspectivism,"观点主义",大陆翻译成"视角主

义",就是说从不同的角度看问题,都得到不同的观点。北大王博教授写了一本《庄子哲学》,他也说,关于鲲鹏,庄子所提供的不是知识,而是眼界、心胸。所以,从鲲鹏寓言又可以引出一个哲学上非常重要的"观点主义"或"视角主义"。当站在惠子角度时,他说葫芦太大了没有用,不能用来做舀水的水瓢,庄子却说你为什么不当个腰舟呢。不同的东西,不同的用法。海德格(Heidegger)很欣赏庄子这点。然而,现在的时代讲求实用,譬如读文学的,被质疑能赚多少钱;读哲学的,也总被质疑能做什么呢。的确,当从实用主义出发时,不知道文学、哲学能做什么,所以角度不同,观点便不同。

那么,"视角主义"能带给我们怎样的视野呢?庄子有很多地方是从经验上看视角主义,或者是辩证地看视角主义;而视角主义可以打破我们的自我中心陷溺。很多事情并不是只有一个观点,不同的角度就会得出不同的看法、不同的答案。所以,庄子《德充符》说:"自其异者视之,肝胆楚越,自其同者视之,万物皆一也。"鹏的高飞,是一个不同的视野,所以才能看到所有的整体、一个整全。也因此,鲲鹏的寓言,我们可以多角度地解释它。借用罗素曾经讲过的一句话说,我们人身体要食物,心灵也要食物,哲学就是心灵的食物,哲学往往从一个突破习俗、习惯的观念束缚出发,而并非从自我出发,把自我的边界给扩大了;所以,庄子那种所谓无限性的观点可以扩大人们的思想视野,从自我然后看到外在世界,看到宇宙,就是从这样广阔的非我,延伸那种认识自我的意识。所以,不论是《逍遥游》或整部《庄子》,常常劝导我们不要局限在现实的生存世界,而要用更宽广的视野来看问题、思考问题。逍遥游就是要学习鹏的眼界、心胸,然后游于无穷。

四、"相尊相蕴"的齐物精神

再说到《齐物论》。到底什么叫"齐物"精神？庄子曰："物固有所然，物固有所可，无物不然，无物不可。"每一个人都有他所"然"，也就是他所以为"是"的一面，"可"就是价值判断，他所值得肯定的一面，没有一个人没有他的长处，没有他的意义或价值。所以，庄子接着又说"厉与西施，恢诡谲怪，道通为一"。虽然每一个物体都是千差万别的，但是，在一个整体里面都是可以会通的。我在北大时，汤一介教授成立了中国文化书院，十周年时，李锐先生画一幅画，题曰"奇峰异石相感通"。奇峰异石好比形容每一个导师、每一个教授、学者，尽管大家观点各有不同，但是都可以相互感通，这就是庄子所讲"道通为一"。《齐物论》中还另有一句话说："唯达者知通为一，为是不用而寓诸庸。""庸"就是用，"寓诸庸"就是在道的整全视角的观照下，人能了解到每一个体都能发挥各自的功能，因此，不必固执于自己的成见而寄用于群材，也即寄寓在各人各物的功用上。所以，一方面是从个体的殊相来看，是"恢诡谲怪"的；但若从整全来看，则物物又都可以各自发挥它的特殊性及作用。这是说个体与群体的关系、殊相与共相的关系。庄子认为，殊相都可以在共相里面获得会通，就是一种"相尊相蕴"的相互尊重与相互蕴含精神，这就是"齐物"精神。

说到这里，我想起"鲁侯养鸟"的故事。《庄子·至乐》说："昔者海鸟止于鲁郊；鲁侯御而觞之于庙，奏九韶以为乐，具太牢以为膳。鸟乃眩视忧悲，不敢食一脔，不敢饮一杯，三日而死。此以己养养鸟也,非以鸟养养鸟也。"故事说,鲁国城郊有一天栖息了一只很奇特的鸟,鲁侯将这只鸟迎接到太庙里供着,视鸟如贵宾。每天都有各式各样的珍馐百味供鸟品尝,乐师也为专为此鸟演奏。可是,这只鸟却被这些豪华排场吓到不敢饮食,过了三天,就死了。鲁侯以为他款待海鸟十分周到,没想到却因此害死了这只鸟。所以,庄子说:"此以己养养鸟也,非以鸟养养鸟也。"人往往用一己的意识形态,勉强他人削足适履地必须接受,尤其知识分子常常容易以自我为中心替他人设想,就像鲁侯用自己的方法养鸟,最后却造成了鸟的死亡。所以,儒家所说的"推己及人",在分寸拿捏上也需要格外小心。例如,美国总统布希对中东就采取了推己及人的政策,但造成了中东人民的恐惧与死亡。浑沌之死亦是如此:"南海之帝为儵,北海之帝为忽,中央之帝为浑沌。儵与忽时相与遇于浑沌之地,浑沌待之甚善。儵与忽谋报浑沌之德,曰:'人皆有七窍以视听食息,此独无有,尝试凿之。'日凿一窍,七日而浑沌死。"儵与忽为了报答浑沌,一天为浑沌凿一窍,结果浑沌七天就死了。这些故事就是告诉我们,不要囿于自我中心,即使出于好意,也要避免犯下鲁侯养鸟的错误。

以下再说到《齐物论》中啮缺问乎王倪的寓言:

> 啮缺问乎王倪曰:"子知物之所同是乎?"曰:"吾恶乎知之!""子知子之所不知邪?"曰:"吾恶乎知之!""然则物无知邪?"曰:"吾恶乎知之!"虽然,尝试言之。庸讵知吾所谓知之非不知邪? 庸讵知吾所谓不知之非知邪?

在这个著名的"一问三不知"寓言中,啮缺问王倪:"你知道万物有无共同的标准?"王倪说:"我怎么会知道呢?""你知道你所不知道的事物吗?"王倪说:"我又哪里会知道呢?""既然如此,那么,万物都没有被认识的可能吗?"王倪说:"我怎么会知道呢?"不过,尽管如此,我还是试着说说看,因为怎么知道我所说的知不是一无所知? 又怎么知道我所说的不知不是知呢? 所以,他接着说:

> 民湿寝则腰疾偏死,鳅然乎哉? 木处则惴栗恂惧,猿猴然乎哉? 三者孰知正处? 民食刍豢,麋鹿食荐,蝍蛆甘带,鸱鸦嗜鼠,四者孰知正味? 猿猵狙以为雌,麋与鹿交,鳅与鱼游。毛嫱、丽姬,人之所美也,鱼见之深入,鸟见之高飞,麋鹿见之决骤。四者孰知天下之正色哉?

庄子论说道理,总是采取正、反两面的方式。他一方面从正面唱导"物固有所然,物固有所可",人与人之间"相尊相蕴"的齐物精神;另一方面指出个人自我中心、学派自我中心,以至于人类自我中心。"孰知正处"、"孰知正味"、"孰知正色",正式唤醒人们不要囿于人类自我中心。

接着说到罔两问影:"罔两问景曰:'曩子行,今子止;曩子坐,今子起。何其无特操与?'景曰:'吾有待而然者邪? 吾所待又有待而然者邪? 吾待蛇蚹蜩翼邪? 恶识所以然! 恶识所以不然!'"我不太同意郭象"天机自尔"的解释,说其自己如此,物各自造而无所待焉①。或许,我也不能确定地说这个故事究竟什么

---

① 世或谓罔两待景,景待形,形待造物者;郭象则认为物皆"独化"、"自尔"也,因为"造物者有耶? 无耶? 无也,则胡能造物哉? 有也,则不足以物众形。故明众形之自物而后始可与言造物耳! 是以涉有物之域,虽复罔两,未有不独化于玄冥者也。故造物者无主,而物各自造,物各自造而无所待焉,此天地之正也。故彼我相因,形景俱生,虽复玄合,而非待也"。

意思,但它应该不是说有待、无待。庄子一个很重要的观点,说每一个个体都是相互联系,相互蕴含的。所以,我在这里举一位西方的人类学家所讲的印地安人宇宙观:"印地安人是以一种参与的意识来掌握自然现象,宇宙被看成生命力量关系的反映,而生命的每一个方面都是彼此交叉的宇宙系统的一部分。"而这个整全、整体的观念就和庄子一样,整个宇宙就是一个有机的整体,是相互联系的。所以,影子和形也是相互联系而相感通的,每一个动作也都会牵连到别的。

五、"庄周梦蝶"、"濠上观鱼"所蕴涵的审美意蕴

最后要谈的是"庄周梦蝶"和"濠上观鱼"两则寓言。庄周梦到蝴蝶,当他是蝴蝶的时候,"栩栩然胡蝶也,自喻适志与!"他是非常生动活泼、栩栩然而适其心意的;当我们来到世间变化成蝴蝶,这个就叫做"物化",所谓物化就是指万物一直在流转,所以我们变化成蝴蝶就安于蝴蝶,"自喻适志"。其实,《大宗师》中也有这样的概念,不论化成什么,我们就安于什么,宇宙是大化流行的一个历程。故此,《齐物论》最后的一个故事"庄周梦蝶"就是说大化流行的历程里面任何事情、任何动物都会不断变化。但是,我们要能"安",化成什么,就安于什么。

再说"濠上观鱼"。庄子跟惠子在濠水看鱼,悠悠哉哉,出游从容。庄子说:"这个鱼很快乐。"惠子说:"你不是鱼,你怎么知道?"庄子说:"你不是我,你怎么知道我不知道。"

> 庄子与惠子游于濠梁之上。庄子曰:"儵鱼出游从容,是鱼之乐也。"惠子曰:"子非鱼,安知鱼之乐?"庄子曰:"子非

> 我,安知我不知鱼之乐?"惠子曰"我非子,固不知子矣;子固非
> 鱼也,子之不知鱼之乐,全矣!"庄子曰:"请循其本。子曰'汝
> 安知鱼乐'云者,既已知吾知之而问我,我知之濠上也。"

文中惠子和庄子游于濠梁之上,此一"游"字用得非常好。在哲学家中,老、庄经常被相提并论,然而老子和庄子的最大不同在于,老子不讲"游",庄子则很喜欢讲"游"。"游于濠梁之上"之"游"就代表一种心境,而且不仅只是一种舒松、自由、自在的心境,"游"更是一种"审美"的心胸,"游"不仅仅只是精神自由的表现,更是一种艺术人格的流露。因此,"游于濠梁之上"是"濠梁"的美景和"游"的心境之融合为一。举例来说,电影中的男女恋人在花园里相会,男的说"你看这花好美",女的说"是因为有我们在一块儿,才美"。当单个儿去看这花时觉得没什么,可是和所爱的人一起看花时,那回味真美! 所以,同样的景,还要有那个心;濠梁是景境,游是心境,才能即景生情。因此,当庄子说"出游从容,是鱼之乐也"的时候,表示他已经产生主体移情的作用了;庄子总是能在人与人之间、人与物之间,寄情托意地让主体触景生情。因此,庄子和惠子不同的地方就是,庄子把外物人情化或说人性化,宇宙人情与惠子是非常不同的。两人一个是逻辑家、科学家,一个是诗人、文学家。庄子把宇宙人情化、外物人性化,由移情作用而产生出来的一种美感经验。

而"濠上观鱼"的故事中,惠子也提到了一个非常重要的哲学问题:"子非鱼,焉知鱼之乐?"即"主体如何认识客体"的问题。主客关系是西方哲学的重大议题,也是中国哲学中所谓的"天人关系"问题。天和人,一个 object,一个 subject,就是主体跟客体

的关系。西方哲学常常将主客关系割裂;中国哲学则认为人就在这个天地里面,天地是我们的母体,所以,主客就是天人,也就是自然和我们的关系。两者的出发与观点很不相同。所以,从上述惠子所提到的哲学讨论上关于主体如何认识客体的议题中可以看出,惠子是从理智的角度出发,而庄子则是从感性的角度出发;理智着重在分析,感性则着重在同通,一个重视理,一个重视情。而在这里,庄子提出了"请循其本",人的心性情是可以相通的,特别是情。所以,庄子不从理智上分析人如何得知鱼乐,关于"如何知鱼乐"之"主体如何认识客体"的问题,并不是庄子所关怀;他是直接地以自己的情去感通鱼乐之情,所以,他可以体会到鱼之乐。他们两人的出发点与着重点都很不同。

诗人做哲学的有两种:一种是文学性的哲学,一种是科学性的哲学,即一种是概念哲学,一种是想象哲学。所以,庄子说"请循其本",心还是很重要的,我们的心、我们的情,可以给世界以生命化。北大哲学系叶朗教授曾有一本《胸中之竹》。他是一位美学家,有一个外国记者访问他,中国的美学,美是不是最重要的概念?他说不是,意象才是最重要的概念。郑板桥曾说:"眼中之竹,非胸中之竹也。"说鱼悠悠哉哉,就代表了观者的心情是自由自在的;所以,庄子的心是一开放的心胸、一美感的心胸。而讲到心,老子和孔子对心讲得很少,但到了庄子和孟子,就开始大谈"心"了。为什么? ——大谈心,就是对心的重视,对生命的重视;因为到了两百年后的战国中期,不断的战争造成对时人的心灵与生命的极大伤害,所以,重视心,就表示对生命的关怀,是一种主体的觉醒,也和魏晋时代一样,这是当时各家都关怀的一种人文思潮。

文学阐发情,哲学则压抑情。尼采尝有一段话:"从前你有许多热情,而你称它们为恶。但是,现在你只有你的道德,它们是热情里诞生的。"现在你只有你自己的道德,它们呢,生在你的热诚,这个热诚也是有负面的,跟欲望一样,这也就是孔孟老庄都很警惕贪婪的道理。所以,尼采说:"你曾经在这些热情的心中树立远大的目标,如今这些热情变成你的道德与欢怡之情。"尼采歌颂热情,全文即以尼采的一首诗作为结束:

> 我的热爱奔腾如洪流——
>
> 流向日起和日落处;
>
> 从宁静的群山和痛苦的风暴中,
>
> 我的灵魂倾注于溪谷。
>
> 我的心中有一个湖,
>
> 一个隐密而自足的湖,
>
> 但是我的爱之激流倾泻而下——注入大海
>
> 你得用热诚的声音歌唱,
>
> 唱啊唱啊,
>
> 一直到大海都平静下来,
>
> 倾听我的热望……

我把它献给年轻的同学们,我们做学问、交朋友都要有这热忱,多发挥热情与想象。

(本文系由 1997 年 3 月 19 日彰化师大国文系"人文讲座"演讲稿整理而成。)

庄子的视野与心境

  《庄子》上承《老子》,下启《淮南子》,是道家的一部主要著作,对后世的影响极其深远。特别是到了现当代,无论是严复引进西方自由平等概念,使自由民主与中国传统文化对接,还是章太炎试图将儒、释、道融会贯通,都受到道家思想的深沉影响。王国维的《人间词话》中流露出非常浓厚的庄子意境。汤用彤、蒙文通、冯友兰、金岳霖、宗白华、方东美等,都是具有道家情怀的学者。

  对每一个人来说,无论做学问还是做事,都与其个人的心理状态、精神状态密切联系。所以,今天我就从"视野"与"心境"切入,谈谈庄子可以带给今人的启示。

一、大小之辩

  如果把时空拉到无限大和无限小,可以看到,万物的大小皆无定准,其之间的相对关系是可以不断相互转化的。

通常都认为,《齐物论》是《庄子》中论述哲学思想最重要的一篇,甚至可以说是中国道家哲学的代表作之一。但在讲《齐物论》之前,我想先讲讲《秋水》篇。

《秋水》篇中如此写道:"秋水时至,百川灌河,泾流之大,两涘渚崖之间,不辩牛马。于是焉河伯欣然自喜,以天下之美为尽在己。"说的是秋天下雨,黄河水高涨,从两岸及沙洲之间望去,连牛马都分辨不出来,形容河面浩荡宽阔。于是,河伯就认为天下的美、天下的壮观都是自己第一,无人可及。然而,当河伯"顺流而东行,至于北海,东面而视,不见水端",他改变了自己欣然自喜的面容,转而"望洋兴叹":如果不是见到大海,我就"见笑于大方之家"了。这时,北海若就对他讲述了"井底之蛙"的故事。

中国有两大神话系统——蓬莱神话和昆仑神话。庄子把这两大系统都汲取到他的思想里,把神话哲理化。河伯与北海若两个水神接着对话。北海若说,只有你知道了自己的不足,我才能够跟你"语大理"。人和人之间的交往也是这样,如果对方一副花岗岩脑袋的样子,坚持一种全然封闭的心态,那你就什么都没法跟他讲。河伯还好,起初还"以天下之美为尽在己",以自我为中心,可是最终,他并没有排斥别人。当他遇到北海若,他开始意识到自己的小。随后,北海若又进而说道,"天下之水,莫大于海",但与天地比,海之大"犹小石小木之在大山也"。所以,这第一次对话的重点,就是不可"以此自多",不要盲目地觉得自己了不起,要去除以自我为中心的想法。

第二次对话,河伯问:"然则吾大天地而小毫末,可乎?"我可不可以认为毫末最小,天地最大呢?北海若回答:"否。夫物,量无穷,时无止,分无常,终始无故。""是故大知观于远近,故小而不寡,大而不多,知量无穷。"意思是说,整个宇宙中所谓万物的数量是无穷的,时间永无止期,得失是没有一个定准的,终始是没有不变的。而那些得道之人,既能看到远,也能看到近。这里所说的"终始无故",从字面上看,"故"就是缘故的"故",但其实是通固定的"固"。所谓"终始无固",是讲终而又始,宇宙是不停地变化的。这就是庄子的变化观。用《大宗师》篇中的话来说,就是"万化而未始有极也",即所谓大化流行,无有止期。老子在变动当中求其"常",而庄子则认为这不可能。因为,所谓"常",很难找到一个绝对的立足点。因此,庄子认为,人要"观化",观察变化;要"参化",参与变化;同时要"安化",安于所化。毕竟,"计人之所知,不若其所不知",我们所知道的终究是有限的,我们所知的终究比不上我们所未知的;"其生之时,不若未生之时",在从过去、现在到未来那么漫长的时空里面,我们活着的时间真的只是一刹那的存在。如此一来,还怎能分别"天地"与"毫末"的大小呢?

接着,他们又进入第三次对话。河伯问北海若,那么,可不可以说"至精无形,至大不可围"呢?毫末虽小,还有形,小到无形,算不算最小呢?比天地还大,大到没有边界,可算是至大吧?北海若答道:"夫自细观大者不尽,自大视细者不明。"这句话很有意思。说的是,如果我们常常从细微处看,比如写文章,一直往细里钻牛角尖,就看不到整头牛了,所谓见树不见林。而有些人一下子就掌握了整个大局,好比写作时有个很不错的提纲,却又不从细处落实,这样就往往不够细腻。北海若又论述道,"言之所不能论,意之所不能察致者,不期精粗焉",是说连语言文字都没有办法表达、心意也没有办法意识到的,就不必区分什么大小精粗了。而"因其所大而大之,则万物莫不大;因其所小而小之,则万物莫不小"。如果把时空拉到无限大和无限小,可以看到,万物的大小皆无定准,其之间的相对关系是可以不断相互转化的。如果用现代的哲学观点来分析的话,河伯与北海若之间的前三次对话所揭示的,就是我们应如何去认识外在的、客观的世界。

二、主体的局限性

有限的主体如何在有限的时间内去认识如此复杂的客观世界?庄子曰,"知道者必达于理,达于理者必明于权,明于权者不以物害己"。

《秋水》篇最后一段提到,庄子与惠子游于濠梁之上。庄子曰:"儵鱼出游从容,是鱼之乐也。"庄子说,这鱼好从容自得,好快乐。于是,惠子反驳道,你又不是鱼,你怎么知道这鱼是快乐的呢?庄子曰:"子非我,安知我不知鱼之乐?"于是惠子说,我不是你,当然不能完全了解你的想法,同理,你也不是鱼,如果按此逻辑推理,很明显,你也不知道鱼是不是快乐。这里惠子所提出的,就是一个主体如何认识客体的问题,这是哲学中一个很重要的大问题。而我们可以看到,在这场对话中,庄子是从一个诗人、一个美学家的视角,把主体的情意投射到客体,即所谓"移情",然后达到物我无别、相互交融的状态。而如果正如惠子所说的那样,主体是主体,客体是客体,这两者之间永远隔着一道不可逾越的鸿沟,就会产生很多问题。

存在主义哲学家萨特认为，人与人之间之所以很难了解，是因为每个人都是主体，而主体是不愿意被他人当作客体加以把握的。所以，萨特说，他人对于主体来说是一堵墙，无路可通。举个可能不是很恰当的例子。比如你在考试，我目光一瞥，看见你刚好在作弊，那么此刻你这个主体就立即变成客体。如果第二天，我又在上楼梯时碰到你，你这个主体又降为客体，因为这让我再次想到昨天你因为作弊被我抓到。然而，正在我得意的时候，哎呀，一下子踩了个空，翻了个跟头，爬起来，就在我俩目光相对的那一刻，我这个主体下降为客体，你那个客体冉冉上升为主体。可见，尽管人与人之间时有冲突，但人可以互为主体，从而突破主体的局限性。当然，《庄子》也给我们提出了一个很好的问题：一个人活着的时间那么短暂，外在的世界又无穷大，得失又无常，怎么去得到一个定准呢？也就是说，有限的主体如何在有限的时间内去认识如此复杂的客观世界？

让我们继续看河伯与北海若之间的第四次对话。经过了之前的几番辩论，河伯已经慌了。他原以为天地最大，毫末最小，而北海若都说不是；然后，他又认为"不可围"最大，"至精"最小，但得到了否定的见解；第三回合，两人谈论到，如果是无法以感观知觉去确实把握，或者用语言去表达，用心意去追述，这就无所谓确切的大小了。这可怎么办？怎么去区分贵贱大小？所以，北海若有这样一句话，"贵贱有时，未可以为常也"。也就是说，所谓贵、贱都是在特定的时空中，所以，对人、对事物的评价都要经过一段时间并多换几个角度。可见，庄子的相对主义是提醒我们要把自己的思想视野弄得开阔一些。

在河伯与北海若第四次对话中,庄子借北海若之口,针对道、物关系提出了多维视角、多重观点的问题,说:"以道观之,物无贵贱;以物观之,自贵而相贱;以俗观之,贵贱不在己。"这句话说的就是,如果分别从道的观点、从个人的观点、从流俗的观点来看事情,来评价事情,结果都不同。其实,这就好比我们当下社会生活中的流行时尚嘛。现在流行什么颜色,巴黎流行什么服装款式、风格,我们一个个都去跟着转。而且,从物的角度来看,万物都自视高贵而轻贱他物;从人的角度看,每一个人都觉得自己最行,最有本事。但从道的观点来看,万物根本无所谓贵贱,因为价值判断都是人赋予的。因此,从道的角度来看,我们要通权变达,将庄子所说的"知道者必达于理,达于理者必明于权,明于权者不以物害己"了然于心。此处"必明于权"的"权"是"变"、"变化"的意思。可见,《秋水》篇不仅谈到了自我中心的问题,也演绎了道的观点,并提醒我们,要认识到主体认识客观世界过程中必然存在的局限性。

三、一个通达的世界

世间争议大都是因每个人只是从自己的角度来看,来作判断引起的。而庄子启发我们,假如你跟朋友之间有冲突,不妨尽量收一下自己的情绪,然后站在对方的立场想一想。

现在我们再来看《齐物论》篇,就可以非常明显地发现,其中很大的篇幅是谈认识论的。

开篇讲,"南郭子綦隐机而坐,仰天而嘘,苔焉似丧其耦"。于是,他的学生颜成子游说,老师今天打坐和过去不一样呀,是何缘故呢？子綦答道，"今者吾丧我"。这一段最重要的就是这个"吾丧我"这一命题。头一个"吾"是一个大我、真我，一个开放的，可以跟他人、外物相感通的我。而"丧我"中的"我"是那个尚未忘己、忘功、忘名的我。接下去，子綦突然把话锋一转，问子游道，你听说过"人籁"、"地籁"、"天籁"吗？话题转到"三籁"，实写"地籁"：风吹不同的孔穴，会发出不同的声音。当风较强时，响应的声音也大；风较小，响应的声音也比较小；当强风停止了，每一个洞窍就是虚空的状态，即所谓"众窍为虚"。庄子在这里想说明的是，人心犹如一管一洞，而一管一洞之所以各成其声，是因为在他们心中都没有一个"怒者"在主宰着。

庄子接下来写道，"大知闲闲，小知间间；大言炎炎，小言詹詹"。这句话被认为是其个人对百家争鸣的看法。在庄子看来，诸子百家在文化论战中，我批评你，你攻击我，弄得大家晚上睡觉精神交错，白天心神不宁。但在这个争鸣的过程中，每一个参与者的心境恰恰不是虚，而是实。风吹万种孔窍，之所以会发出千差万别的声音，就是因为这些孔窍的自然形态不同，本身的结构、条件造成发出声音的差异。正因为每一个人心里都充满了成见，所以，大家一直论辩不休。而这一切，"咸其自取，怒者其谁邪？"也就是说，都是因为各自自身的原因，并没有一个是被指使的。庄子的这段描写很精彩。它把每一个人介入论战时的那种心理状态、精神上的波动、行为样态的变化都描绘得栩栩如生，由此点出"有情而无形"的"真宰"和"真君"，即超脱于肉体和感情之外的自我。

然而，人"一受其成形，不亡以待尽。与物相刃相靡，其行尽如驰,而莫之能止"。有人活在这世间,劳碌而无功,好像无头苍蝇;有人看到利,眼睛就像狼一样的。如果整个社会都是抱着这样一颗"成心"在活动,那么,整个社会就迷失了。毕竟,言论和风吹不同,风吹孔窍是虚的,而言论却充满了主观的成见。如果每个说话人都只是各执一端,"以是其所非而非其所是",你肯定的,我就要否定,你否定的,我就要肯定,这就完全是成心或偏见在作祟了。

怎么办呢？庄子的答案是,"莫若以明"。也就是说,还不如像一面镜子一样反映客观的状态,以空明的心境、开放的心灵去认识别人的观点、外在的事项,去面对事物之本然。

"物无非彼,物无非是"。就是说,从他者来说,事物没有不可以称作"彼"的;从本身来说,事物没有不可以称作"此"的。"故曰,彼出于是,是亦因彼。彼是方生之说也。虽然,方生方死,方死方生;方可方不可,方不可方可;因是因非,因非因是。"这说的是,事物起起落落,价值判断也无穷地进展着,变化着。这时该怎么办？与其主观纠缠于是非,还不如"照之以天",回到一个本来的状态。

读《齐物论》,庄子的这个"莫若以明"给我帮助最大。世间争议大都是因每个人只是从自己的角度来看,来作判断引起的。而庄子启发我们,假如你跟朋友之间有冲突,不妨尽量收一下自己的情绪,然后站在对方的立场想一想。若能从共性处看事物,相信可以减少人们因自我中心而导致的纷争。读《庄子》,你就可以进入一个心胸开阔、精神自由的世界。

四、庄子的艺术心境

庄子讲"形全精复",强调一个完美的人应该是身体康健、精神饱满的。具体到艺术创作领域,庄子这种对"得其精"要"在其内"的强调难能可贵。

道家思想有两个重要的组成部分,一个治身,一个治国。治身,重要的是形与心,肉体和精神。老子讲"专气致柔",而庄子讲"形全精复",强调一个完美的人应该是身体康健、精神饱满的。相比老子,庄子更重视人内在的生命世界的状态。具体到艺术创作领域,庄子这种对"得其精"要"在其内"的强调难能可贵。所以,接下来,我们来谈谈庄子的艺术心境。

《养生主》篇中"庖丁解牛"的故事大家都很熟悉。但可能很少有人想过,庖丁解牛的道理同样可以运用到艺术创作中。庄子如此描写庖丁解牛的动作,说:"手之所触,肩之所倚……莫不中音,合于桑林之舞,乃中经首之会。"可见,庖丁解牛的动作、运刀时发出的声音,就像美妙的舞蹈、优美的音乐,构成一个很生动的形象的艺术画面。很多人常常由此惊叹,解牛怎能达到这种地步?其实,人世间的复杂,犹如牛身上筋骨盘结,所以,你要"依乎天理",顺应自然,顺着骨节肌理的构造来运刀,"以无厚入有间",否则,刀子就会被折断。而且,即便你技巧很好,遇到筋骨盘结处,仍要"怵然为戒",小心谨慎。事情做完以后,还要"提刀而立,为之四顾,为之踌躇满志,善刀而藏之"。难怪文惠君听完庖丁的介绍后赞叹道:"善哉!吾闻庖丁之言,得养生焉。"

从艺术创作的角度看,"庖丁解牛"的故事同样投射出艺术家在创作活动中的种种心境。比如,艺术创造由主客对立达到了主客融合。可能起初,人跟牛是对立的,"所见无非全牛"。但随着对立的消解,就"未尝见全牛也"。对于艺术活动而言,也是一样。外在客体与创造主体本来大多处于一种对立的状态。慢慢地,当技巧专精到可以收放自如的境界,主客最终消解于融合中。故事中,庖丁的刀子进去以后,"以无厚入有间,恢恢乎其于游刃必有余地矣"。这种创造主体由技术纯熟到达挥洒自如的境界是非常美妙的。又如,庖丁每次碰到筋骨盘结的地方,就"怵然为戒,视为止,行为迟",但一旦完成以后又"踌躇满志",由紧张转为从容自得。这就好比我们创造一个东西,在攻坚克难时,整个心神都投入进去,可能连自己已满头大汗都未必察觉到。但完成之后,当我们长呼一口气,就顿觉心满意足。这种心理变化,真是很淋漓尽致地描述出艺术创造者那种享受创造过程和成果的满足感。"庖丁解牛"为我们展示了一个技进乎道、精神升华了的艺术创作境界。

当然,在艺术创作由紧张而松弛的过程中,精神专一是非常重要的,而这又和技巧的专精很有关系。《达生》篇中提到这样一则寓言,说孔子在去楚国的路上经过一片森林,看到一个驼背的人在捉蝉,轻易得好像在捡东西一样。于是,孔子问,"子巧乎,有道邪?"驼背人说,"我有道也"。一来,他的道是训练出来的,技巧的专精有一个循序渐进的过程;二则,他谈到了捕蝉时需要静定,执臂"若槁木之枝",且"虽天地之大,万物之多,而唯蜩翼之知"。就是说,他在捕蝉时什么都不管,只注意到蝉翼本身。可以想象,若能达到这种地步,"何为而不得"!所以孔子,感叹其"用志不分,乃凝于神"。可见,无论做任何事情,"凝神"都非常重要。只有心无旁骛,才有可能到达出神入化的境界。

除此之外,庄子还讲,"无事而心闲"也很重要。为此,庄子在《田子方》篇中举了一个"解衣盘礴"的例子,常为后世美术史、艺术史所引用。讲的是,宋元君要画图,好多画师都来了,打躬作揖,磨墨舔笔。由于来的画师很多,除就位的以外,还有一半的人站在室外没有位子坐。这时,有一个迟到的画师,"儃儃然不趋,受揖不立,因之舍"。就是说,他来了以后不仅表现得安闲自由,且面见君主时也没有快步迎上。在众人看来,似乎有点不拘礼节。但他一来,就转身回自己的客馆去了。宋元君派人去看,只见他轻松淡定,悠闲自若,打着赤膊在作画。对此,宋元君感叹道:"是真画者也。"这就是"解衣槃礴"典故的由来。宋代著名画家郭熙曾在《林泉高致》中引用了这个典故,并说"人须养得胸中宽快,意思悦适",方能达到艺术创作的良好心境。

　　(本文原系南京东南大学"人文讲座"上的一篇演讲文字,后经整理,收入陆挺主编《人文讲演录》,江苏教育出版社,2003 年版。)

庄子的艺术心境

尽管庄子的时代艺术发展还处于萌芽阶段,但庄子的思想已然流露出中国后世艺术精神的最甜美的甘泉。宗白华说:"晋人的美感和艺术观,就大体而言,是以老庄哲学的宇宙观为基础,富于简淡、玄远的意味,因而奠定了一千五百年来中国美感——尤以表现于山水画、山水诗的基本趋向。"从魏晋的山水诗到宋元的山水画,可以说,庄子的思想贯穿了整个中国艺术的审美观,并且也于无形中塑造了中国人的生活态度和处世品格。

《庄子》以《逍遥游》开篇。庄子对中国艺术观念最大的贡献,就是如那大鹏鸟翱翔于天地间一般的自由精神。诗人席勒在《审美教育书简》中写道,性灵在审美的自由中达到一种生命的超越和飞翔。席勒所讲的审美,主要是对艺术作品的审美。而庄子的自由精神,并不是根据艺术的创造产生的想法,而是从人生命的本来状态中产生的。或者说,艺术对庄子来说,不仅仅是一个具有艺术特征的对象,而是自然生命本身。比起老子的"道法自然"，庄子更常用"天地"这个说法来描述这个无穷的世界。《齐物论》言："天地与我并生，而万物与我为一。"天地实际上是一个与"我"同在的世界，人必须要达到一个境界，才能进入这个世界。在这个世界中，万物和我不再是彼此分别的，而是合而为一的。《大宗师》言："彼方且与造物者为人，而游乎天地之一气。"人本是造物所赋予，并非是万物的主人，而只有回到天地之中，与天地精神相往来，才能有自由的乐适之感。游于天地，也是游于艺术的世界，自由的世界。

　　庄子的艺术心境脱离了具体的感官活动，而在虚静的状态中等待着万物的自然来临。《人间世》说："若一志，无听之于耳，而听之以心；无听之以心，而听之于气，耳止于听，心止于符。气也者，虚而待物者也。唯道集虚，虚者，心斋也。"对于艺术的欣赏，似乎必须要通过耳目等具体的感官。庄子并不是反对感官活动，但他认为，仅仅通过感官是无法领略世界的真谛的。与其用感官，不如用内心的理解；而与其用理解，不如用"气"。这个气就是生命自然的状态，是虚而待物的状态。只有设一心斋，万物才能在此自由地来去。可以说，中国的艺术精神不是经由耳目而观，而是在内心虚静中的体验。山水画在唐代之后，经历了一个从绚丽的青绿到幽淡的水墨的过程，可以说与庄子的思想无不关系。北宋画家郭熙在其山水画论《林泉高致》中说"林泉之志，烟霞之侣，梦寐在焉，耳目断绝"，山水的世界是一个梦里的世界，在这世界中，人忘却了耳目之愉，而与烟霞为伴侣；这正是庄子齐物的精神。

　　因此，可以表达世界真意的艺术，也必定不是仅仅取悦感官或是执迷于语言符号的。庄子说:"天地有大美而不言。"真正绝然的天地之美,是一种静默的美。《齐物论》说:"大言炎炎,小言詹詹。"对整个中国的艺术境界而言,最美的恐怕不是以复杂精巧的语言符号表达的艺术,而是看起来淡然、冲漠的浑然一体的世界。中国艺术讲究"外师造化,中得心源",正是要首先在自然当中寻找到和自我内心契合的那个不言之美。《刻意》中说"淡然无极而众美从之",淡就是几乎看不到颜色物象的状态,在这种看似缺少绘画语言的意象中,呈现出了一个广袤无垠、虚无缥缈的所在。魏晋以来中国艺术崇尚的正是这种简淡幽远之美。苏轼评王维的画"作浮云杳霭与孤鸿落照,灭没于江天之外","得之于象外,有如仙翮谢龙樊",正由于王维的画作淡泊缥缈,超越形式,而得自然之真趣。

魏晋美学的"意象"问题,也是继承了庄子的思想。王弼说:"得象而忘言,得意而忘象。"一般认为的艺术作品必须通过语言和符号来表达,而庄子认为,艺术的境界,是在得到其形象之后遗忘了语言和符号规则,使艺术家自由的创作,这也就是庄子说的"得心应手";而更高的境界,则是在得到意趣之时,连形象也忘却了,这样,审美的心境不必指向具体的审美对象,而进入到一个广阔的意义的天地中间了,这就是他说的"采真之游"。这种自由的境界,其实是对对象本身的解构,人完全畅游于一个意义的世界之中。在这个世界里,没有语言的束缚,甚至也没有艺术形象的必要,只有畅游无碍、无拘无束的真性。

在《齐物论》一开始,庄子就以人籁、地籁、天籁的故事来说明艺术心境的不同阶段。人籁是乐器的声响,是借助于外物而成的音乐。地籁是风吹过大地间孔窍的声音,它是自然的力量引发的,不需借助于发声的工具。而天籁不但没有凭依,连人耳都难以听到这种声音。"夫吹万不同,而使其自己也。咸其自取,怒者其谁耶",天籁并不是某个怒者发出的,更无需借助工具;而闻天籁之音也只需要根据自己的心志来获取,在这种状态中,既不会由于颜色或声音上的美妙而摇荡心志,也不会因为意义上的辨别而损人精神,而是将生命如一个空屋一样向世界开敞,让世界的真谛集于我处。老子云"大音希声",天地最美妙的音乐是很难用耳朵听到的,因为这是从内发出的性灵之音。天籁的精神,对中国后世的艺术产生了巨大的影响。中国人最钟爱的乐器是古琴,而古琴追求的淡远自然的境界,正是受到庄子的影响。嵇康的《琴赋》描述琴者"沇溶兮带朝霞,眇翩翩兮薄天游。齐万物兮超自得,委性命兮任去留"。弹琴并不是为了演奏乐器,而是以一种齐物的精神,在天地之间畅然游荡,在生命的世界中去留自任。东晋大诗人陶渊明还有一个无弦琴的典故。史书言其在室内置无弦琴,每每抚而和之曰:"但识琴中趣,何劳弦上声。"琴真正的意趣在于内心不外于物的生命境界,这与王弼"得意而忘言"正不谋而合。

不仅如此,庄子还特别强调真正的艺术对外物的涤除。所谓外物,就是损伤事物的本性而让其成为某种被利用的工具。《庄子》中散木的故事说,一匠人携学徒走至一参天大木旁,高可比十仞之山,大可做数十船,其叶遮天蔽日,观者络绎不绝。但是,老匠人毫不以为意,不停下来脚步,继续前行。徒弟很奇怪,问他为什么不看此稀世大木。匠人回答说这是散木,"以为舟则沉,以为棺椁则速腐,以为器则速毁,以为门户则液㯲,以为柱则蠹。是不材之木也,无所可用,故能若是之寿"。这块木头由于其不材,不能做成用具,才因此成为了"树",成为了真正的自我,并且永葆长寿。可见,这种工具式的有用性是对生命本身的损伤;要还归物的真性,首先就要放弃这种改造世界、利用万物的想法。

实际上,将物制作为工具的人亦很难逃脱物的命运。因此,庄子说:"若与予也,皆物也,奈何哉其相物也?而几死之散人,又恶知散木?"人与散木都是天地中一物,而人却将物塑造为工具,也就是相物,而在这一过程中,人也受物的捆缚。只有解除了这种工具性,人才能得到真正的自由。《庄子》中常有将身体比喻为槁木的例子。《齐物论》中,颜成子游对南郭子綦说:"形固可使如槁木,而心固可使如死灰乎?"《达生》篇中,孔子遇到的承蜩的佝偻者也说自己的身体如"槁木之枝"。《田子方》中,孔子描述老子"形体掘若槁木,似遗物离人而立于独也"。槁木指的是枯木,形容静定,看起来和散木是不同的。但是,这如槁木的身体可以独立于世界而存在,也就是不受外物所累而成其自由之身,其意义有如散木。这看起来不被世人所看重的无用之木,恰恰是后世的中国艺术最为珍视的价值。苏轼最喜欢的"枯木怪石"这个绘画题材的意涵就从此处来。枯木便是庄子所说的这种槁木。而怪石也表达了无用之意。白居易在一首题《太湖石》中说:"天姿信为异,时用非所在。磨刀不如砺,捣帛不如砧。何乃主人意,重之如万金。岂伊造物者,独能知我心。"看似无用的石头,恰能表达出庄子的不为时用、遗世独立之感。

《逍遥游》中,庄子道出了人与物相处的理想状态。惠子向庄子抱怨关于自己家的樗树一无所用,庄子回应说:"今子有大树,患其无用,何不树之于无何有之乡,广莫之野,彷徨乎无为其侧,逍遥乎寝卧其下。不夭斤斧,物无害者,无所可用,安所困苦哉?"人和物在一个没有妨碍的世界中相与遨游,安然寝卧,不相利用,也不相伤害,这就是一个没有困苦的世界。庄子称这个世界为"野",在中国的诗画中,常常出现这种野趣。唐韦应物名句"野渡无人舟自横",描绘了在一片看不到岸边的野水中,独自漂浮着一只不知主人的小舟的情景。这只小舟,就像是那无用的散木,在这萧疏的渡口,看似没有方向,却得到一种自在与逍遥。五代画家李成的作品最有这种荒寒野逸的风格。如他论画,也说"孤峰远设,野水遥拖",又有"乔木疏于平野,矮窠密布山头"。这种常人看来萧瑟荒凉的精致,在艺术家那里,却是绘画最得起妙意的题材。诗画要呈现的并不是荒郊野外的景象,而是庄子所说的那一没有边界,从而得以逍遥自在的广漠的乡野。

这个外物,也包括人的身份。《田子方》中讲了一个故事,说宋元君要画图,诸位画师都毕恭毕敬,舐笔和墨。有一个来得晚,不但不按照礼节趋步立正,还在画画前揭开衣服,双腿盘坐。宋元君听说后言道:"这才是真画。"一位宫廷画师,如果处处都按照皇帝的意图,或者按照礼节的要求去作画,他的状态是不自由的,他作出来的画也一定不能到达自由的境界。故事中的这位画师丢掉了礼节和衣服的束缚,宋元君不必根据他的作品,只需要根据画师的状态就知道他的画是真画——真性情之画。礼仪和身份的约束对于艺术是很大的伤害,这在宋代之后文人对工匠画的排斥中可见其影响。中国的文人艺术,也是一种自由的艺术,因为他们反对将绘画作为一种职业,任何职业,都要受到雇主、市场的影响,因此不能够尽情地抒发胸臆。只有卸除了这种身份束缚,才能真正创造出有自由精神的艺术。

庄子中还描述了许多残疾的畸人,尤其是《德充符》,讲述了兀者王骀、申徒嘉、叔山无趾、恶人哀骀它等畸人,这些人有驼背的,有肢体残缺的,也有身上长瘤的。如果从世俗的观点看,这些人一点儿都不美,但在庄子笔下,不但人人艳羡他们,连孔子这样的圣人也称赞他们"德不形者,物不能离也","畸人者,畸于人而侔于天"。庄子借孔子口说出,这些人虽然看起来形貌丑陋,甚至残缺不全,但这仅仅是根据社会普遍的审美价值树立的一种标准,以这种标准去评价别人所得到的是一种外化的观点;他们的内在的精神并不因外形的怪异而被割裂,恰恰相反,正因为这些人忘记了自己的外形,所以才能成就其内在的天全。这个论断,可以说为中国艺术不求形似奠定了基本的思想。苏轼说:"论画以形似,见与儿童邻。"无论是"似"或者"不似",或者被肤浅理解的"似与不似之间",都并非文人艺术所追求的境界。精神的表达固然要借助于图像,但并不必追求形式上的完美,就像庄子笔下这些残疾人,只有超越了形式的诉求,才能更接近生命的真性。与其说文人画所追求的是画,不如说它求索的是"人",是一个化成之人。在《庄子》那里,所谓的化成,首先便是脱离对物的对象化,也就是外物和关系的负累,使个人达到一个圆成的境界。

"得至美而游乎至乐,谓之至人",庄子所追求的,就是这样一个至美至乐的自由境界。在这个世界中,物我是没有分别的。在濠梁之上,他对惠子说出"鱼"之乐,是舍弃了"子非鱼"这样的

判断,将濠梁也看作了这样一个世界。在梦境之中,他把分不清
自己是蝴蝶还是蝴蝶是自己,也是破除了我和物之间的界限。庄
子称这种状态是"物化"。这不是情感上的由外物引起的短暂的
快乐,而是抛却外物和是非之后所达成了的自由境界。庄子要在
乱世时代的痛苦人生中,寻求精神的自由解放。后人循着那缥缈
的踪迹,也不断在实践着庄子的精神世界。魏晋时期,嵇康提出
"越名教而任自然",竹林七贤中的许多人,都颇得庄子的旨趣。
嵇康的好友阮籍常常在树下仰天长啸,这种任其自性挥洒的状
态,正是南郭子綦"隐几而卧,仰天长嘘"的写照。

(本文原为 2002 年 11 月 27 日,于台湾育达商业技
术学院通识教育讲座上的一篇演讲,经北京大学李溪博
士整理成文。)

道家思想之古今对话：
陈鼓应与沃尔法特谈庄子

一、陈鼓应：如何进入"道"的精神家园

我的人生有两个面向，一是学术人生，一是现实人生。

二十世纪五六十年代，台湾哲学界主要研究西方哲学。我在哲学系，学习的课程从柏拉图到黑格尔，每个哲学家构造的庞大体系，最后都要抬出一个虚构的上帝，作为其理论的最后保证。在这种无所不包的思维笼罩下，让人深觉失去了真实的自我。我直到接触了尼采，他的酒神精神和冲创意志给了我重要的人生启迪和巨大鼓舞。后来我教书、研究学问，又从东方哲学尤其是中国的老庄哲学中汲取了丰富的营养。从尼采哲学到老庄思想的学术研究，是我学术人生的历程。但同时，他们对我的现实人生，有更深刻的影响。

我从求学到教书时期的台湾，是被岛内知识分子称之为"白

色恐怖"的时代,笼罩在美国的冷战思维和儒家的道统意识下。1949 年后,台湾进入戒严时期,长达 38 年。民主和自由思想受到遏制,没有言论自由。敢于直言的杨奎、陈映真、柏杨、李敖等作家都受到迫害或被捕入狱。我不久前从台湾的"白色恐怖"基金会得知,当时被捕的政治犯的案件竟然高到 13000 个,实在让人吃惊。

在美国的冷战思维主导下,蒋介石在台湾一面反共成狂地推行"白色恐怖"政策,一面以排斥异端的道统意识来宣扬儒家文化。传统文化尤其儒家讲求忠孝,可当时儒家思想被当局严重政治化,成为宣扬严格的封建家长制的片面思想,蒋介石以此来加强他的统治,所谓"移孝作忠,忠于领袖"。在这样的时代背景下,我感到很压抑,就进入到尼采的世界里去。尼采有句名言:"上帝死了。"这是对西方传统哲学所做的一个价值转换,引起我很大共鸣。尼采说,"西方传统哲学注入了过多的神学的血液"。我开始借尼采反思西方神本主义及其独断论,对上帝之笼罩一切而无所不包的思维方式进行价值重估。

与此同时,当代西方产生一股存在主义思潮,反省为什么两次世界大战都发生在西方,由此形成了对西方文化危机意识的反思。我也借存在主义思潮,检讨极权宗教信仰的历史根源。因此,缘于对台湾现实政治的不平感,对等级价值体系的不认同,很自然地,我又由尼采的价值观转换进入到了老庄的道的世界。

接下来谈谈从老庄的视角来看当今东西方世界之间异质文化的对话。

《老子》第一章开头就说"道可道,非常道",落实到现实世界可以这样理解:第一个"道",是全球设立一些法则;而第二个"道",是要透过各种方式进行东西方对话,来建立永续发展的准则。

《老子》第二章,谈到"有无相生",还说在道的世界里"生而不有,为而不恃,长而不宰"。在现实世界里,对立的关系是相辅相成,不是绝对矛盾的。绝对的矛盾,始终只是相互排斥。所以,不要绝对性地来看对立的关系,要相对地来看待对立的关系。

庄子的《齐物论》说得更为透彻,"物无非彼,物无非是。自彼则不见,自是则知之。故曰:彼出于是,是亦因彼。彼是方生之说也。虽然,方生方死,方死方生;方可方不可,方不可方可"。任何事情都有此和彼的对立,在此立场,只看得到自己,看不到对方,都是片面的。此和彼是并生的,好比在今天的全球,东方和西方,中国和美国。所以,不能片面思考,不能搞单边主义。比如说,现在地球暖化,签订《京都议定书》,但是美国不签署,全世界都批评它的这种单边主义。

总结老庄的世界,有两个很重要的秘钥,就是老子的"道法自然"和庄子的"道通为一"。道法自然,就是道遵循自然,遵循自然存在的方式,依据自身的存在方式来自由运行,这体现了"道"的自发精神。道法自然不仅仅强调"道"的自发性、自觉性、自主性,也呈现出"道"的整体与个体之间的互通,"道"是一种共通性,也就是"道通为一"。

今天,全球应该如何对话?我觉得,从热爱生命的角度,尼采可以和庄子会通;在文化上,很欣赏老子的罗素也可以和道家相通。罗素说,西方有三个文化渊源,其中,宗教和伦理来自于排他性和不宽容的基督教传统,所以才会一方面讲自由民主,一方面搞军事演习,这对他们来说不矛盾。美国打伊拉克,打完后说给你们带来了自由。有一天我看电视,有个妇女的丈夫和儿女被炸死了,她在那里号啕大哭,电视正好拍到她,她说:自由是我希望的,但战争带给我的不是自由,而是恐惧和死亡。

所以,我们要记得《道德经》说过的话:"胜而不美,而美之者,是乐杀人","夫乐杀人者,则不可得志于天下矣"。

庄子更是提倡破除自我中心,包括个人自我中心、族群自我中心、人类自我中心。现在全球面临的共同灾难之一,就是地球生命不停被毁损。消费主义的盛行,使得自然环境被严重破坏;人类自私自利的自我中心,不仅影响人与人的关系、国与国的关系,也殃及人与自然的关系。没有对生态资源做可持续发展的思想,人类将遭遇灭顶之灾。这并不是我们应该走的路子。东西方的思想者们,应该共同发出声音。

二、沃尔法特(Gunter Wohlfart):像诗人陶渊明那样生活

我住在法国南部的一个山庄,牧羊,喝酒,写诗,以陶渊明为榜样。从前,我梦想希腊爱智慧的哲学,觉得它们可运用到生活中。经过二十年的哲学教授生涯,这个梦想破灭了,太多的口头和精神上的技巧,对养生根本没用。

遇到老子,我太震撼了,经常和一些年轻的汉学家们研究《道德经》。有位老朋友问我,为什么你总在说老子,你应该试着看看庄子。太对了!我看庄子后就爱上了他,他是我最爱的哲学

家,我出了两本小书,希望把庄子介绍给德国人。

西方对道家的理解还令人惭愧。比较开明的西方人会使用中国的针灸和中药,甚至有人开始看风水,练气功、太极拳。哲学家会研究亚里士多德和柏拉图,但不会研究中国的老子和庄子。著名的德国哲学家哈贝马斯,也有欧洲中心主义的优越感。据我所知,我是唯一一位在德国讲授道家哲学的教授。有句拉丁文名言说,"光明从东方升起"。对我来说,智慧之光,确实来自东方。

法国哲学家福柯说得很对,如果未来有一种哲学,一定是欧洲和非欧洲的哲学思想碰撞产生。非欧洲不是指美国,而是指东方,中国。那些传统的欧洲中心主义者迟早会抛弃偏见。

2009 年在香港,我批评了康德主义,赞扬了孔子。许多人认为康德的绝对命令和孔子的黄金律是一致的,我认为不一样,是两码事。欧洲的同事对我感到失望;中国的康德主义者则为康德辩护,描绘了一幅康德站在孔子肩膀上的画面,但这不是真实的。在上海、绍兴、台北,我又批判了康德主义,赞扬了庄子和淮南子。所有中国康德主义者都勇敢地为康德主义辩护。在中国许多地方,学生和老师都太热衷于现代西方的思想,不仅是康德哲学。

当然,《论语》里的第一句话是"学而时习之"。勿庸置疑,向西方学习有必要,但西方思想是最好的吗?我怀疑。

《道德经》说,"为道日损"。中国学生要回到根上去,学习国学经典,不要总去赶西方哲学的潮流。只有归根,才可以大跨越,跳到西方思想,进行扎实的比较哲学研究。

《庄子》第 26 章有个著名寓言,对我影响非常大。"荃者所以在鱼,得鱼而忘荃;蹄者所以在兔,得兔而忘蹄;言者所以在意,得意而忘言。"言通常都有意,意指向与语言自身不同的某种事物。"月亮"这个词语像手指指向真正的月亮,看到月亮,要忘记手指,忘记"月亮"这个词。

《庄子》里有句话:"世之所贵道者,书也。书不过语,语有贵也。语之所贵者,意也,意有所随。意之所随者,不可以言传也。"有的事物很难用语言来表达。诗人把语言当做橡皮,随写随擦,他们渴望进入到"无言之言"的境界。我也如此。

　　(2012 年 11 月 26 日晚,厦门大学国学院与厦门筼
　　筜书院于厦大礼堂举办了一场名为"道家思想之古今
　　对话"的论坛,陈支平、陈鼓应、刘笑敢及德国汉学家沃
　　尔法特〈Gunter Wohlfart〉出席对谈,《南方周末》后于 12
　　月 20 日刊文报道。本文即为作者与沃尔法特有关庄子
　　的谈话。)

附　录

老庄思想要旨

老子:"道"——万物的本原

　　老子,名聃,春秋末期道家学派的开创者。老聃与孔子同时代,约年长孔子二十岁,哲学上的老子和文化上的孔子,其关系亦师亦友。

　　老子是中国哲学的创始人,《老子》一书为老聃自著,近年湖北荆门郭店出土的竹简《老子》——在地下埋藏了两千多年的实物证据——的问世,有力地推翻了《老子》晚出说的谬误。

一、老子其人其书

　　老聃,世人尊称为老子(约公元前570年—?),一如尊称孔丘为孔子、墨翟为墨子("子"为先生之意)。司马迁说:"姓李氏,名耳。"这是汉人的说法。根据高亨先生考订,春秋二百四十年间并无"李"姓,但有"老"姓。"老"、"李"一音之转,老子原姓老,后以音同变为李。而"耳"、"聃"字义相近,故称作"耳"。总之，"老聃"被尊称为"老子"在先秦典籍中屡见，毋庸置疑。

老子是陈国人，后陈被楚灭，故称楚人。"楚苦县厉乡"，即后来的安徽亳州府，现在隶属河南省鹿邑县。老子曾为周朝史官，《史记》称他为"周守藏室之史"。"守藏史"相当于国家图书馆馆长。司马迁说："孔子之所严事，于周则老子；……于楚，老莱子。"（《史记·仲尼弟子列传》）孔子分别问学的老子与老莱子，都有著作传世，著书篇目各不相同（"老子著书上下篇"，"老莱子亦楚人也，著书十五篇"）。但梁启超、冯友兰等人过于粗心或有意扭曲，以至于把老子和老莱子混淆不清。

老子与孔子同时代，孔子生于鲁襄公二十二年（公元前551），老子约生于公元前570年左右，约比孔子年长二十岁上下。《史记》记载"孔子问礼于老子"之事，当属史实。先秦典籍如《庄子》、《吕氏春秋》及《礼记·曾子问》等都曾提及此事。

《吕氏春秋·当染》说："孔子学于老聃。"老子和孔子的关系亦师亦友，在多种文献记载中值得我们留意的有这几点：一、同源异流：老子与孔子同是殷周文化的继承者与创新者。同源中的"异流"则是，孔子为中国文化史上继往开来的第一人，其"有教无类"、"诲人不倦"的精神，更使他成为教育史上的"万世师表"；老子则是中国哲学的开创者，他所建构的"道"论，不仅发先秦诸子所未发，更成为中国古典哲学的主干。二、文化与哲学的对话：文化的孔子与哲学的老子进行对话，二人谈论的细节虽不得而知，但从各书记载中可以窥知，孔子的问题属于文化层面（"礼"）；而老子的解答则总会从文化的议题引向哲学层面（"道"）。故孔老之间的对话就是属于文化与哲学的对话。三、对话的开放心态:儒道开创人首次的对话,彼此学术间的立场与观点虽异,而对话的心态则是真挚而开放的。这和后来孟子恶意攻击杨墨,以及宋明儒者为了维护道统而排斥佛老的狭隘心态相较,真有天壤之别。故老、孔之间的对话诚为思想史上令人神往的一个开端。

老子是中国哲学的开山祖,老子自著的《老子》是先秦哲学中最早的一本哲学著作。《史记》明确记载老子"著书上下篇,言道德之意,五千余言"。司马迁这里所说老子著书的篇目、主旨和字数,都与通行本《老子》相吻合。1998年,北京文物出版社印行《郭店楚墓竹简》,首次公布了湖北荆门郭店出土的竹简《老子》。这件在地下埋藏了两千多年的实物证据的问世,有力地推翻了《老子》晚出说的谬误。

陈楚文化圈是孕育老子思想的原乡。中年以后,他入朝任史官,长期沉浸在中原文化的核心地带。他长于思索宇宙的奥秘及人生的哲理,在孔子到周室拜访他时,他已是当时学术界的泰斗。他那精简而深刻的著作逐步地流传各地。先秦典籍对《老子》书中的重要概念与文句的广泛引用,可以证实它成书之早与影响之广。如《论语·宪问》明确引用《老子》六十三章"以德报怨";其后,《墨子》引用《老子》观念与文句约十条,《管子》引用《老子》观念与文句多达三十一条,《庄子》引用《老子》观念与文句多达一百二十二条,《荀子》引用《老子》观念与文句十三条,《韩非子》引用《老子》观念与文句达七十二条,《吕氏春秋》引用《老子》观念与文句多达二十九条。由此可见,《老子》思想对道、儒、墨、法各家各派影响的深远。

二、老子思想

林语堂在他的英文著作《老子的智慧》中说："孔子的学说过于崇尚现实，太缺乏想象的意涵。""孔子的哲学是维护传统秩序的哲学，主要处理的是平凡世界中的伦常关系，不但不令人激奋，反易磨损一个人对精神方面的渴求，以及幻想驰奔的本性。"这里隐约道出儒家是透过社会规范的建立，以提高人的道德价值；道家是透过哲学精神的建立，以提升人的心灵境界。林语堂又说："儒道两家的差别，在公元前 136 年汉武帝独尊儒术后，被明显地划分出来：官吏尊孔，作家与诗人则欣赏老庄。"这里指出汉以后，儒道分途，儒家在中国政治社会中成为显文化及官方哲学，而道家则成为潜文化及民间哲学。

陈荣捷在他的英文著作《中国哲学文献选编》中说："假如没有《老子》这本书的话，中国文化与中国人的性格将会截然不同。假如不能真正领会这本小书里的玄妙哲思，我们就不能期望他可以理解中国的哲学、宗教、政治、艺术和医药。"又说："在某些层面，道家进入生命之道更深更远，所以，虽然古代诸子百家都各行其道，但道家却得独享其名。"

进入老子的思想领域，让我们先从他的"道"谈起。

三、可道之"道"与不可道之"道"

"道"不仅是中国文化的象征，也是中国哲学的最高范畴。而第一位将道视为最高范畴的哲学家就是老子。《老子》第一章便指明"道"是天地万物之始源：

> 道可道,非常道;名可名,非常名。无,名天地之始。有,
> 名万物之母。

老子是第一个将道提升至形而上地位的哲学家,他认为一切万物皆由道所出,甚至连天地都由道而来。但是,道一开始并非具有形而上意味,因此,我们有必要先说明"道"的原义以及转化到形而上的道。

"道"这个象形文字就具有特殊的意涵。道从"首"从"走",象征着人从四肢落地的动物群中抬起头来。当人类昂首挺立开始活动,便在天地间创造出一部辉煌的历史。所以,在"道"的字源中,就隐含着行走的意象与创造的意义,所以老庄说"道行之而成",又说道创生万物("道生之")。

"道"的字义由行走、运行引申出秩序、方法、规准、法则等意涵。这些重要意涵,为老子之前的思想家及老子之后的战国诸子所共同使用,并各自赋予特殊的内涵。自殷周以来,人们探索日月星辰等天象运行的规律,称作"天道";建立人类社会行为的规范,叫作"人道"。只是,各家的关注有所不同,如孔子"罕言天道"而用心于"人道";老子则不仅借"天道"而彰显"人道",而且进一步将"天道"与"人道"均统摄于其形上之道中。

老子是第一个提出形上之道的概念和理论的哲学家。老子之前的思想家都只思考"形而下"的存在问题,也就是只探讨现实世界(亦称现象界或经验界)的问题。一切"形而下"的事物都有名字,都可以命名的(所谓"物固有形,形固有名")。老子却指出,除了"可以命名的"("可道之道")之外,还有超乎形象的"形而上"存在。这"形而上"的存在是现象界万物之所由来——称

为"道"。

　　人不是一个无头无根的存在,老子的哲学正是要探究人之存在的源头与根由,并试图在纷纭的万物中寻找其活动的法则以及始源。当我们读到前面引用的《老子》第一章文句时,我们的思考就被从常识世界中带入另到一个新天地。

　　《老子》书上不只提出万物本原("天地之始"、"万物之母")的问题,还提出宇宙生成的问题(如四十二章谓"道生一,一生二,二生三,三生万物"),并提出宇宙变动历程的问题(如四十章谓"反者道之动",二十五章谓"周行而不殆……大曰逝,逝曰远,远曰反")。

　　作为万物本原和本根的"道"是无形、无限的,因此,老子简称它为"无";它是实存而且万物都由它以生,所以又称之为"有"。《老子》第一章的"无"、"有"乃"异名同谓"的指称形上道体的两个面向。

　　每个哲学家都有他的一套理论预设,老子的"道"便是为现实世界提供一套合理的理论说明而被创构的。老子除了在形而上学的领域内肯定道是万物的本原和本根之外,还赋予道几层重要的意涵:一、道为万物生命的泉源。老子认为万物都由道所创生的(如五十一章谓"道生之,德畜之"),所以,庄子称它为"生生者"(《大宗师》),称赞大道神奇地"刻雕众形",造就了天地间各类品物万种风情,使宇宙宛如一个无尽宝藏的艺术宝库。二、道为一切存在之大全。老子说:"万物得一以生。"(第三十九章)这里以"一"喻道(《韩非子·扬权》说:"道无双,故曰一")。其后,庄子以"一"指宇宙整体、一切存在之大全。老庄视宇宙为有机的统一体,庄子说"道通为一"(《齐物论》),即视宇宙为无数个体生命关系之反映,而生命的每个方面在整体宇宙中都是彼此相互依存、相互汇通的。三、道为大化流行之历程。老子认为道体是恒动的(四十章谓"反(返)者道之动"),道的存在是广大无边的,道的运行是周流不息的(二十五章谓"周行而不殆")。老子用"逝"、"远"、"反"("返")来形容"道"在宇宙大化发育流行中依循着终而后始法则运转的无穷历程。四、道为精神生命之最高境界。老子说过这样一句令人瞩目的话:"为学日益,为道日损。"(四十八章)这是说,对外在世界探讨所得的知识,越累积越增多;对道的体会越深,主观成见和私心就会越来越减少。这里所说的"为道"是属于精神境界的修养;在人生境界的修养上,老子提到要"挫锐"、"解纷",消除个我的固蔽,化除人群的隔阂,从亲疏贵贱之别异层次中,提升到"和光"、"同尘"的"玄同"境界(见五十六章)。老子的"玄同"之境为庄子所弘扬,而将形上之道作为提高人类精神生命和思想生命的最高指标。

四、有无相生

《老子》第二章开头的一段话,讨论到现象世界事物之间相互对立、相互关联以及价值判断相对性的问题。他说:

> 天下皆知美之为美,斯恶已;皆知善之为善,斯不善已。故有无相生,难易相成,长短相形,高下相盈,音声相和,前后相随。

这是说,没有美,就不会有丑("恶");没有善,就不会有不善;同理,老子认为没有"有",就无所谓"无";没有"难",就无所谓"易";没有"长",就无所谓"短"。我们以"有无相生"这一重要哲学命题为代表,来叙述老子对现象世界观察的一些洞见:一、事物存在的相互依存。老子看到一切事物都有它的对立面:事物有显的一面,也有隐的一面;有其表层结构,也有其深层结构。因而,观察事象不能流于片面,思考问题不可出于单边。老子说:"三十辐,共一毂,当其无,有车之用。……故有之以为利,无之以为用。"(十一章)一般人只看到事物的显相("有"),而没有看到事物的隐相("无"),事实上"有"、"无"是相互补充而共同发挥作用的。二、事物对立面的相互转化。老子认识到事物的对立面不是一成不变的,它们经常相互转化。他说正常能转化为反常,善良能转化为妖孽(五十八章:"正复为奇,善复为妖");又说委曲反能全,屈枉反能伸直,低下反能充满,敝旧反能更新,少取反能多得,贪多反而迷惑(二十二章:"曲则全,枉则直,洼则盈,敝则新,少则得,多则惑")。三、事物相反而皆相成。老子说"祸兮福之所倚,福兮祸之所伏"(五十八章),表明对立面双方的联系性。老子系统地揭示出事物的存在是相互依存的,而不是孤立的。如有无、美丑、动静、阴阳、损益、刚柔、强弱、正反等,都是对反而立又相互蕴涵。老子说:"万物负阴而抱阳,冲气以为和。"(四十二章)在老子相反相成的辩证思想中,"阴阳冲和"和"有无相生"是两个最具代表性的命题。

逆向思维是老子辩证法中另一个特殊的思想方式。老子说"正言若反"——合于真理的话却与俗情相反。《老子》整本书所表达的都切合于道的正言,但乍听时好像在说反面的话。

五、为无为

"无为"的概念是老子逆向思维的一个范例。在《老子》书中，"无为"这一个特殊用词几乎都是针对统治者而发的。老子期望掌握权势的在位者不妄为、"弗独为"（《鹖冠子·道端》，要"以百姓心为心"（四十九章）。其后庄子学派更将老子告诫治者勿专权、毋滥权的"无为"理念，延伸为放任思想和不干涉主义。

老子说"无为"，又提出"为无为"（三章）。像"为无为"这类正反结合的语词所蕴含的深意，屡见于《老子》书，如谓："生而不有，为而不恃，长而不宰。"（十章、五十一章）英国的罗素就很欣赏老子这些话，认为，人类有两种意志，即创造的意志和占有的意志，老子便是要人发挥创造的动力而收敛占有的冲动——"生而不有，为而不恃"正是这层意思。老子还说"为而不争"（八十一章），也与"为无为"同义，要治理阶层以服务大众（"为人"、"与人"）为志，而不与民争权夺利。

六、道法自然

人们一提起老子，就会想到他自然无为的主张。简言之，这主张就是听任事物自然发展。"自然"是老子的核心观念，乃是自己如此的意思，它被英译为"spontaneous"（自发的），名词则为"spontaneity"（自发）。但原文不是名词，而是状词；也就是说，自然不是指具体存在的自然界（天地），而是形容"自己如此"的一种情状。《老子》二十五章有这样一段重要的话：

> 故道大，天大，地大，人亦大。域中有四大，而人居其

一焉。

> 人法地,地法天,天法道,道法自然。

这里的引文分两段来讨论,前段是在提升人的地位,后段则在申说"道法自然"的意涵。老子把人列为"四大"之一,如此突出人在宇宙中的地位,这在古代思想史上实属首见。

老子说:"死而不亡者寿。"(三十三章)这当指人的思想生命与精神生命之传承延续而言。老子将人的地位如此高扬,为历代道家所承继,庄子对生命境界尤多发挥。老子在提升人的地位之后,接着讲人之所以为贵,在于他能法天地之道,使他成为一个不断把外界存在的特性内化为自己本质的过程。

人能成为四大之一,在于他能不断地充实自己、拓展自己——他能从外在环境中吸取经验知识以内化为自己的智慧。老子谓人法天地,便是意指人效法天地之清宁,效法天地之高远厚重,进而效法道的自然性。

道的一个重要特性便是自然性。所谓"道法自然",正是河上公注所说的"道性自然",即谓"道"以它自己的状态为依据。而道性自然即是彰显道的自发性、自为性。所谓人法道的自然性,实即发挥人内在本有的自主性、自由性。

道性自然以及人分有道的自然性的学说,有它特殊的意义:道也者,自由国度;人法其自性,则人处于自由自在的精神乐园。

七、柔弱胜刚强

《吕氏春秋》论及诸子学说特点时,强调"老聃贵柔"(《不二》)。"柔弱"是"无为"的一种表述。老子之所以倡导柔弱的作用,是鉴于人类行为自是、自专而失之刚暴,权势阶层尤然。

老子生当乱世,他一方面从人性的正面处去提升人的精神层次,另一方面从人性的负面处去洞察社会动乱的根源。人类所以胜出别的动物,在于他能从学习中累积经验以改善自身,并协合同群改造环境。但人类也比其他动物更为狡诈,更多心机;别种动物不知设计同类,不会陷害同类,更没有本事发明器械去猎杀异类。尼采说:"人类是病得很深的一种动物。"这话可十分恰切地用来形容主政者权力运用不当,发动侵略战争而导致大规模杀戮行动的现象。这正是老子"无为"学说谆谆告诫主政者不可揽权滥权的用心;也正是老子谆谆告示主政者要"不争"、"柔弱"、处下、谦虚为怀的用意。

老子喜欢用水来比喻理想的治者表现出柔弱不争及处下的美德:

> 上善若水。水善利万物而不争,处众人之所恶,故几于道。(八章)
>
> 大邦者下流……大者宜为下。(六十一章)
>
> 江海所以能为百谷王者,以其善下之。(六十六章)

这些话虽然出自老子对他所处那个时代的感发,但更像是说给我们当代那些"权力傲慢"的霸主听的。

身处于新世纪的我们,耳闻目睹两次世界大战及中东两次海湾战争之大规模屠杀行径,不禁想起老子对穷兵黩武者发出的警告:"兵者,不祥之器……夫乐杀人者,则不可得志于天下矣。"(三十一章)"坚强者,死之徒;柔弱者,生之徒。"(七十六章)老子的"柔"道,无论用在治身或治国,都有益于人群。老子所说的"柔弱",并不是软弱不举,而是含有柔韧坚忍的意味。我们今日所处的世界,一方面普遍传播着尊重人权的"地球村"观念,另一方面又屡屡出现霸强"军事单边主义"的刚暴作风。在这相互矛盾的情景下,老子所倡导的柔道,犹不失为东方智慧所发出的人间天籁之音。

（本文原是为蔡志忠绘著《中国思想随身大全》〈现代出版社,2003 年版〉中的"老子"部分所写的导论文字。）

庄子:"内圣外王"——最高的理想人格

庄子,名周,战国时代道家学派的重要代表人物。现存《庄子》一书是研究庄子思想的重要文献。

历史上,《庄子》与《周易》、《老子》并称"三玄"。庄子在士人传统中又开辟出一个文人传统,其独特的思想风格,将中国境界哲学推向了高峰,对后代文学、艺术的影响更是绵延不绝。

一、庄子其人其书

从中国士人传统中,庄子揭开了文人传统的序幕。假如没有庄子,中国文化将会是个怎样的光景呢?首先可以确定的是,缺少庄子的中国文化,肯定呈现出和现今截然不同的精神风貌;少了这份充满灵性的源头活水,后世骚人墨客的隽永才思也将随之枯竭不少。更重要的是,不知多少的文学家和艺术家将会在精神生命上顿失依归。传统中国的知识分子,从西周开始大都秉持学而优则仕的信念,将毕生心力投注于人间秩序的关怀,而开创出主流的士人传统。汉以后,士人或仕人,多尚实际,结群而重规范。魏晋之际,文人阶层出现,析理抒情,投注于理想人格之塑造与内在性灵生活之开辟。庄子终生不仕,高洁其志,使生命悠游于美感意境而开创出一片思想的新天地。在庄子揭开序幕之后,其独特的人格风味、思想风貌与精神意蕴,使历代文人雅士获得心灵上无尽的共鸣。我们在阮籍、嵇康等人的身上看到了这个传统的传承;我们更可以在李白、苏东坡等人的身上,看到同样精神传统的大放异彩。假如没有庄子思想的激发,中国文人的精神世界将是难以想象的。

在进入庄子浩瀚无边的思想之前,我们先来谈谈庄子其人其书。关于庄子,这个谜一样的人物的生平,我们只能在司马迁的记载和《庄子》这本书中找出端倪。庄子,名周,生于战国中期,和孟子同时代。他是宋国蒙城人,受到南方楚文化较深的影响。也只有弥漫着神话与浪漫氛围的楚文化,才能孕育出《庄子》这样一部视野宽广、立说倜诡、用词参差的瑰伟奇书。《庄子》一书,共三十三篇,分为内、外、杂三部分。根据学者们的研究,内篇大抵为庄子本人的著作,而外篇与杂篇则大多是庄子后学的作品,但也保存了一些庄子本人的札记或弟子门人对师说的笔录。整本《庄子》固然非一人一时一地之作,但大体上可以视为庄子学派作品之汇编。《骈拇》、《马蹄》、《胠箧》、《在宥》发挥任情率性的思想;《天地》、《天道》、《天运》掺杂了黄老学派自然无为的政治思想;《让王》、《渔父》则蕴含了杨朱学派的贵生思想;至于《秋水》、《知北游》则是对于内篇的齐物思想做进一步的发挥。

外篇与杂篇反映了庄子后学蓬勃发展的多元化风貌。整本《庄子》以寓言为主,用说故事的方法将读者带入庄子的异想世界,透过譬喻的手法使读者领悟深层的言外之意。

"在困顿的生活中透显不平凡的思想",这应该是对庄子生平的最佳描述。从《庄子》中,我们可以知道庄子家贫。例如,书中记载庄子曾向监河侯借米,也曾经穿着破烂衣服去面见魏王。这些故事中,也反映了庄子虽穷,却怡然自得。当监河侯说要等收租后才借米粮时,庄子还能幽默地说出"枯鱼之肆"的譬喻来予以嘲讽。同样地,当魏王说庄子疲困时,庄子也能不卑不亢地坦然对应,陈说自己是贫穷,并不是疲困,他说:"士有道德不能行,惫也……今处昏上乱相之间,而欲无惫,奚可得邪?"(《山木》)庄子指出知识分子有理想不能伸张,是由于"处势不便",生不逢时,"非遭时也"。虽然庄子家贫,但司马迁又说他"其学无所不窥"。因此,我们由此推断庄子可能是家道中衰的没落贵族。据载,庄子曾从事织草鞋等手工艺维生,因此,《庄子》书中随处可见由技艺入道的生动寓言故事。除此之外,庄子也从事于教学活动,有不少弟子跟随,从外、杂篇中可看出庄学多姿多彩的风貌,然而姓名可考的只有蔺且一人。

在庄子一生中,最为人津津乐道的就是他和惠子的友谊。我们发现,《庄子》书中许多重要的哲学议题,都和惠子有关。庄子与惠子经常相互论辩,而真理往往就在这样的对话中开展出来。虽然惠子看似时常和庄子唱反调,但其实是庄子一生中难得的知音。所以,当惠子死了之后,庄子感到非常落寞。他到惠子的墓前吊祭,惋惜地说出"运斤成风"、"郢人之质"的寓言故事,表达出庄子对论敌老友的深切怀念与真挚的友情。惠、庄两人不同的人生体验与立场对立的观点，却通过对话的方式打破思想的独断。这种相互激荡、彼此包容的对话方式，开启了魏晋清谈的先河。

《庄子》书中所记载庄子一生的重大事件，总和死亡议题密切相关。而我们正好能从这些故事当中，看到庄子在面临死亡时的那份洒脱与达观。庄子在痛失知己惠子的情况下，还能别开生面地用故事来寄托自己的思念之情。而当庄子妻死，庄子更以"鼓盆而歌"的方式来纾解情怀。庄子认为，宇宙是一气化流行，人的生死只不过是气化的环节之一，当人死之后，个体生命又回归到宇宙大生命之中，好似回娘家一般。因此，庄子带着坦然之心来接受妻子回归本根的事实。至于庄子在面临自己的死亡时，也不忘以诙谐的话语来为自己的生命画下休止符。庄子弟子不忍庄子曝尸荒野而想为庄子下葬，而庄子却在咽下最后一口气前，不改幽默的本色，质疑弟子何以独厚地下的虫蚁？否则，为何要特地夺取鸟兽的食物给虫蚁呢？庄子的一生就在潇洒自在中落幕了。

二、庄子的思想风格

老、庄及黄老之学共同推崇道德哲学，后人因而称他们为道家学派。老子的道德意旨为庄子所继承而发扬。

老子玄之又玄的"道"并未与"心"相联系，庄子则主张道"无所不在"（《知北游》）。他一方面将"道"落向人间并落实到人心（如《人间世》所说的"心斋"境界），另一方面又将老子实体意义的"道"转化而为主体的生命境界。庄子用"气"来说明大化流行中物界的更散流转。他提出"气化论"来弥补老子宇宙生成论的不足,同时又提出"理"的范畴来说明万物的存在样态及其运行的法则。

老子倡导道德意旨,此外,还徜徉自然、无为、有无、虚静等学说,庄子继承之,并加以创造性的转化。例如,老子著名的"无为"都属于政治术语,但庄子却把它转化而为个体自由自在的精神情状;逍遥其物是庄子精神哲学中最重要的境界,从老子书中很难体会这种独特的意境。老子主柔,庄子则贵在游心——游心不仅是精神自由的体现,更是艺术人格的流露。庄子思想丰富而多端,我们借由他书上几个寓言故事呈现的人生哲理来一窥其思想风格。

三、"鲲鹏展翅"——大其心境,开拓视野

翻开《庄子》,首先映入眼帘的就是"鹏程万里"的故事,一开头就给人打开一个宽广的视野。庄子说,北海有一条叫作鲲的鱼,"鲲之大,不知其几千里也"(《逍遥游》)。这条鱼大得超过人们的想象更神奇的是,这只巨鲲在海底深蓄厚养,复化为鹏。这只鹏鸟同样大得难以想象,它的背有好几千里那么长,而它的翅膀,就像是天边的云彩。当海风吹动时,它将展开双翼振翅高飞,飞往南冥天池。它一飞就飞上九万里的高空,这一跃,掀起滔天巨浪,高达三千里,真是气势磅礴、惊天动地。然而,小麻雀们却吱吱喳喳对大鹏鸟品头论足。它们十分不以为然地嘲笑大鹏鸟:"何必那么费力高飞呢? 像我们在树林间飞要,啄啄地上的小虫不就好了吗?"

庄子这则生动的寓言,蕴含了许多深邃的哲理。这则寓言先说"鲲鹏变形",再说"大小之辨"。庄子一开始就借着鲲鹏之大来为我们打开一个开阔的视野,使人们从狭隘的思想视域中解放出来。接着,庄子透过鲲鹏之间的变形来颠覆人们习以为常的僵化思考方式,将人带出既有的成见之外。并且,由鹏的奋起而飞告诉我们积厚之功的道理。凡事都不是一蹴可就,而是靠一点一滴的努力才能成功。最后,庄子借着小麻雀嘲笑大鹏鸟来告诉我们"大小之辨"的道理。庄子借由形躯的大小来暗喻心灵境界的不同。我们一般人经常就像是小麻雀一样,凡事都从以自我为中心的"小我"来看待世界,一方面局限于有限的知觉经验,另一方面又自以为是而洋洋得意。庄子透过这样的反讽方式,使人们反省是否过度受限于物质形象的拘锁而使心灵封闭。庄子在书的一开头就点醒我们应该开放自我的心灵,并且要有努力为之的积厚之功,才能突破一切限制,使精神达到自由自在的逍遥境界。

四、"庖丁解牛"——由技艺入道境

鲲鹏的寓言告诉我们不要划地自限,而要放开心胸,拓宽眼界。然而,现实的处境却是充斥着种种限制与危机。面对这些现实的困境,我们应该如何因应呢?"庖丁解牛"这则寓言故事正是告诉我们要如何悠游于实际社会之中。庖丁为文惠君表演宰牛,而庖丁举手投足之间所展现的优美旋律与曼妙舞姿,构成了一幅极为生动的艺术画面。庖丁神乎其技的刀法,令文惠君叹为观止,而庖丁的技艺乃在于他掌握了"因其固然"的道理。所谓"因其固然",就是说顺着实际的情况来做,庄子以牛的筋骨盘结比喻处世之繁复。这乃是启迪我们处世不能强行妄为，而要遵循客观规律，以凝神专一的心态，小心谨慎地面对各种困难。庖丁就是因为掌握了这样的方法，才能游刃有余，更使刀刃完好如初，没有丝毫磨损。

"庖丁解牛"的故事还强调了实践中累积经验的重要性。老子曾说过"为学日益，为道日损"。这就是说，为学之路是要每天累积学问；而为道之路则刚好相反，是要不断减损成见与贪欲。老子的说法，将为学和为道视为两个截然不同的道路。庄子在此则提出"由技入道"的说法。在艺术创造活动中，经过长期的反复练习，再加上专注忘我的投入，使得创造主体与外在客体从原先的相互对立进而逐渐消解，终于彼此交融。庄子强调为学的关键作用，借由艺术精神的注入，为我们展示了由技艺以呈现道境的途径，解决了老子可能产生的弊端。

五、"庄周梦蝶"——体认"物化"之境

"庄周梦蝶"的故事，则是《庄子》书中最富诗意的一则寓言。在这则优美的寓言中，庄子自己化身为主角。故事是这么说的：从前，庄子梦见自己变成蝴蝶，翩翩飞舞，四处遨游而优游自在，忽然间醒了过来，发现躺在床上的是庄周。究竟是庄周做梦化为蝴蝶？还是蝴蝶做梦化为庄周？庄周和蝴蝶必定是有所分别。这种转变就叫作"物化"。

说到变形，很多人一定会想到卡夫卡的《变形记》。卡夫卡所要表达的是现代人所承受的时间压缩感、空间囚禁感，以及现实生活的逼迫感。庄子和卡夫卡一样，也将人转化为动物，但他

却借蝴蝶来比喻人"自喻(愉)适志"。蝴蝶翩翩飞舞,翱翔各处,不受空间的限制;它悠游自在,不受时间的催促;飘然而飞,没有陈规的制约,也无戒律的重压;同时,蝶儿逍遥自适于阳光、空气、花朵、果园之中。这象征人生如蝶儿般活跃于一个美妙的世界中。并且,在和暖的阳光、新鲜的空气、美丽的花朵以及芬芳的果园之间,可以任意地自我吸取,自我选择。这意味着人类意志的自由可羡。可以看出,庄子以诗意的心境看待世间,欣赏世间的美好,和卡夫卡恰恰形成鲜明的对照。更重要的是,庄子在这则寓言中突出了"物化"的观念。所谓"物化",是物我界限的消解终于融合。庄子告诉我们,从宇宙生命的无限视野来看,所有事物都在大化流行之中,并且彼此相互依存。这种形体间的变化乃是大化流行的一个环节,从大化整体的角度来看,个体的死亡只不过是回归大化整体而已。因此,借由"物化"的观念,庄子融合死生对立于和谐之中。

六、"观鱼之乐"——物我的感通

《庄子》书中最为人津津乐道的,恐怕是庄子的"观鱼之乐"及其与惠子的"濠梁之辩"了。

庄子和惠子在濠水的桥上游赏。庄子说:"小白鱼悠闲自在地游来游去,这是鱼的快乐啊!惠子问:"你不是鱼,怎么知道鱼是快乐的?"庄子回说:"你不是我,怎么知道我不晓得鱼的快乐?"惠子辩说:"我不是你,固然不知道你;准此而推,你既然不是鱼,那么,你不知道鱼的快乐,这是很明显的了。"庄子回说:"请让我们回归事物的原本实情吧!你说'你怎么知道鱼是快乐的'这句话,就是你已经知道我知道鱼的快乐才来问我,现在我告诉你,我是在濠水的桥上知道的啊!"

这则饶富深意的对话,显示了庄子和惠子两种截然不同的思想性格。惠子从理智分析的角度,质疑主体如何能认识客体。这的确是中西哲学史上的一个大问题。从逻辑与知识论的观点来看,惠子确实提出了一个难以回答的问题。而庄子则是以审美心境作为出发点,托物寄情,从美感经验来谈主客之间的相互感通。庄子以"游"的心境观鱼,一方面即景生情,化景物为情思;另一方面移情于物,把外物人情化、人性化。惠子站在主客对立的立场,因此,怎么推论都无法理解主体何以能认识客体。庄子则是要我们回归原本的实情,认为物与物之间,心性、情性原本是可以相互会通的。

中国哲学的主题是"内圣外王"之道。这最高的理想人格,正是庄子提出的。两千多年来,历代知识分子无论道、儒、墨、法各家各派,莫不以庄子所提出的这一理想人格为人生最高指标。庄子的"内圣",主要表现为开放心灵和审美心境;而"外王"方面,则在于倡导齐物精神及多边思考。多边思考旨在要人打破自我中心,对他人他物予以同情了解,切莫自以为是地将自己的信仰及教条强加于人。齐物精神是指在由个殊性所形成的共识中,采各家之长,尊重不同族群的生活方式,观赏不同文化的特色。庄子的生活智慧及其"内圣外王"之道,十分富有现代意义。

（本文原是为蔡志忠绘著《中国思想随身大全》〈现代出版社,2013 年版〉中的"庄子"部分所写的导论文字。）